팝콘 먹는 페미니즘

스크린 속 여성 캐릭터 다시 읽기

팝콘 먹는 페미니즘

ⓒ 윤정선 2019

초판 1쇄	2019년 04월 26일		
초판 2쇄	2019년 07월 22일		
지은이	윤정선		
출판책임	박성규	펴낸이	이정원
편집진행	이동하	펴낸곳	도서출판 들녘
디자인진행	조미경	등록일자	1987년 12월 12일
편집	박세중·이수연	등록번호	10-156
디자인	김정호	주소	경기도 파주시 회동길 198
마케팅	이광호	전화	031-955-7374 (대표)
경영지원	김은주·장경선		031-955-7381 (편집)
제작관리	구법모	팩스	031-955-7393
물류관리	엄철용	이메일	dulnyouk@dulnyouk.co.kr
		홈페이지	www.dulnyouk.co.kr

ISBN	979-11-5925-405-5 (03300)	CIP	2019014488

이 도서의 국립중앙도서관 출판예정도서목록(CIP)은
서지정보유통지원시스템 홈페이지(http://seoji.nl.go.kr)와
국가자료공동목록시스템(http://www.nl.go.kr/kolisnet)에서 이용하실 수 있습니다.

윤 정 선 지 음

팝콘 먹는
페미니즘

스크린 속 여성 캐릭터 다시 읽기

어렸을 때 가족과 함께 놀러 간 축제 야외공연에서 본 여성 캐릭터는 단지 여성이란 이유로, 존재 자체로 희화화되어 있었다. 여자 역할을 한다고 나온 남자 배우는 얼굴에 하얗게 분칠을 하고 새빨간 립스틱을 바르고 있었는데, 원피스 안에 풍선을 넣어 가슴과 엉덩이가 불룩했다. 배우는 우스꽝스럽게 춤을 추더니 난데없이 나뒹굴어졌다. 그 모습에 정신없이 웃었는데, 그때는 그게 여성을 혐오하는 건지 알지 못했다. 어른이 되어 텔레비전에서 우연히 본 식당 광고에서 오래전 그 무대의 여성 캐릭터가 다시 떠올랐다. 자신의 몸이 맛있다고, 부위별로 자랑하며 노래하는 돼지처럼 여성은 대상화되었던 것이다. 그렇다, 변한 건 하나도 없었다.

이 책을 쓰게 된 것은, 그런 두려움에서였다. 여성혐오가 든든한 백그라운드가 되어 펼쳐지는 숱한 영화들을 보며, 새로운 관점으로 읽어내는 여성서사가 절실하다고 생각했다.

오랫동안 영화에서 여성 캐릭터는 주로 남자 주인공의 조력자로 묘사되었다. 영감을 주는 뮤즈나 남성을 각성시키게 만드는 희생자 등, 중심부가 아닌 주변부에 머물며 존재했다. 성적 대상화에만 초점 맞춰진 채 여성들이 영화 속에 등장했던 것은 인정하고 싶지 않은 사실이다. 특히 분단 현실과 경제 불황이라는 역사적인 과도기를 거치면서, 일종의 체제유지 수단으로 한국영화에서는 남성적인 서사가 활발하게 자리잡았다. 물론 얼마 전부터 시작된 페미니즘 붐과 함께 여성주의적 영화들이 만들어져가고는 있지만, 아직은 시작에 불과하다.

이 책에서 나는 열두 편의 영화를 통해 우리의 일상에 공기처럼 스며 있는 성차별적인 시선을 발견하고, 가부장제 사회의 한계를 극복하기 위한 삶의 여러 방법들을 모색해보자 했다. 또 미투 운동의 반작용으로 일어난 펜스 룰과 여성에게만 강요되는 미적 기준을 부수는 탈코르셋, 맘충이란 혐오표현 뒤에 가려진 모성신화 관점에서 바라본 여성 캐릭터 속 복잡 미묘한 함의도 분석해보았다. 마지막으로, 열두 편의 영화 주제를 관통하는 열두 권의 책을 소개하는 부록 편은, 소설부터 예술 인문학 도서에 이르기까지 다채로운 페미니즘 도서를 선보인다. 무엇보다도 영화라는 대중적인 매체를 통해 페미니즘을 가깝게 전하고 싶었다. 팝콘 먹으며 영화를 보듯, 페미니즘 담론을 언제 어디서든 편하게 할 수 있어야 하지 않을까, 그런 바람이 있었다.

이 세상에서 '사람답게' 살기를 원하는 사람이라면, 누구나 동행할 수 있는 삶의 한 방법이 페미니즘이라고 생각한다. 여성을 사람이 아닌 물건처럼 취급하는 강간문화가 기생하는 가부장제 사회의 불의한 구조를 바꾸는데 페미니즘은 길잡이가 되어줄 수 있다. 모든 사람이 존재 그 자체로 받아들여지는, 사람답게 사는 세상을 만들어가는 힘을 주는 가치가 바로 페미니즘이기 때문이다. 백래시로 인해 여성을 비롯한 소수자들에 대한 혐오가 더욱 기승부리고, 돈과 권력이 마치 사람인 양 존재의 권리를 주장하는 사회에서, 최소한 인간으로서 존중받는 세상에 살고 싶다면, 누구나 페미니스트가 될 수밖에 없지 않을까.

인류의 심리적 본능 가운데 하나는 이야기를 만드는 것이다. 특히 상처 입은 삶이 회복되는 이야기는 아주 오래전부터 사람들의 시선을 붙들었는데, 이는 상처가 치유가 되어 삶의 균열이 메워지는 과정이 감동으로 사람들에게 다가갔던 덕분이다. 그런 연유로 페미니즘의 시각에서 바라본 영화 서사와 여성 캐릭터도, 세상을 바꾸는 동인이 되어줄 것이라 본다. 왜냐하면 기존에 불렸던 이름과는 다르게 재구성되어 펼쳐지길 스스로 기대하고 있는 것이 바로 '이야기'라서 그렇다. 그것이 '서사가 지닌 힘'이기에 그렇다.

영화 〈더 와이프〉에는 작가로서 재능이 있었지만 평생 대필 작가로 살아야 했던 여성 조안의 이야기가 나온다. 여성이 작가로서 인정받기 어려웠던 1960년대 미국의 사회 분위기 속에서 조안은 자신의 이름으로 책을 내는 것을 포기하고, 재능이 없는, 걸핏하면 외도를 일삼는 남편 조셉을 대신해 수십 년간 소설을 써서 책을 출판한다. 남편이 노벨문학상 수상자로 선정되자 조안은 작가 지망생인 아들 데이빗과 함께 노벨상 수상식에 참여하는데, 그 와중에도 호시탐탐 바람을 피려 한 남편에 대한 분노는, 평생 남편의 그림자로 살아갔던 자신에 대한 분노와 뒤섞여 폭발하고야 만다. 그 여파로 남편 조셉은 심장마비로 갑작스레 세상을 떠나고, 미국으로 돌아가는 비행기 안에서 조안은 아들에게 말한다. 집에 도착하면 전부 다 이야기해주겠다고. 그러고는 안경을 쓰고 작가 노트를 펼쳐 내려다보다가 아무

것도 쓰여 있지 않은 노트의 텅 빈 한 페이지를 손으로 어루만진다.

세월의 결이 묻은 그녀의 손은, 가부장제 사회에서 작가로서의 재능을 숨긴 채 평생을 살아가야 했던 한 여성의 회한이자, 스스로에 대한 위로이자, 새로운 시작이다. 다음에 나오는 조안의 얼굴은 미지의 여행을 앞둔 설렘처럼 반짝였기 때문이다. 구름 위 비행기가 태양의 눈부신 빛을 향해 날아가는 엔딩에서 조안이 이제 자신의 이름으로 당당히, 자신의 이야기를 써 내려갈 것을 충분히 짐작할 수 있었다.

조안의 새로운 출발처럼, 치유 워크숍에서 저자가 만난 여성들의 삶이 영화 속 여성 캐릭터들의 이야기와 어우러져 또 하나의 서사를 만들어가길 바랐다. 수십 개 조각 천이 모여 비로소 완성되는 보자기처럼, 오랫동안 상처 받은 채 조각나 있었던 여성들의 서사를 아름답게 복원하고 싶었다. 그렇게 태어난 여성들의 이야기를 새로운 눈으로 읽고 싶었다. 책을 읽는 독자들 또한 새로운 시선으로 함께 바라볼 수 있다면, 행복할 것 같다.

특별히 부족한 저자를 끝까지 기다려주고 책으로 나오기까지 애써주신 이동하 편집자님과 들녘 출판사에 감사드린다. 또 여성으로 이 세상을 어떻게 살아가야 할지, 늘 함께 고민하고 나눠주는 사랑하는 나의 언니에게도 고마움을 전하고 싶다.

2019년 4월

윤 정 선

차 례

01

일상의 혁명이
필요한 이유

도그빌
Dogville

라스 폰 트리에 감독, 니콜 키드먼 주연, 2003

마을 독서모임에서 만난 30대 중반의 한 여성은 어느 날부턴가 마을에서 따돌림을 받았다. 일곱 살 딸이 그림대회에서 상을 받고 나서부터였다. 딸의 유치원 친구 엄마들은 동네에서 마주칠 때마다 그녀를 투명인간 취급하는 것도 모자라, 헛소문을 퍼뜨리며 모함까지 했다. 평소 그녀는 바보스러울 만큼 착하고 순진한 사람이었다. 과도한 교육열에서 비롯된 엄마들의 시기와 질투는 시간이 지날수록 그녀에게 깊은 고통을 주었다.

사태가 심각해지자 마을의 원로인 유치원 원장이 중재를 나섰다. 그 자리에서 일부 엄마들은 자신들이 저지른 짓이 아주 나쁘고 비열했다는 걸 깨닫고는 울먹였지만, 따돌림을 이끌었던 리더 격인 몇몇 엄마들은 여전히 자신의 잘못을 인정하지 않았다. 그 엄마들에게 그녀는 따돌림당할 만한, 고통을 받아도 괜찮은 사람일 뿐이었다.

혼란스러웠다. 과연 무엇이, 그들을 그악스럽게 하나로 뭉치게 해서, 한 사람에게 지옥 같은 고통을 주었을까? 인간 안에는 도저히 알 수 없는 악의 근원이 존재하기라도 하는 걸까? 여러 질문이 떠올랐다. 그때 떠오른 영화가 〈도그빌〉이었다.

✖ 우리 사회 도처에 존재하는 도그빌

미국 로키산맥에 자리한 작은 마을에 어느 날 그레이스라는 낯선 여자가 찾아온다. 처음에 마을 사람들은 낯선 외지인인 그녀를 경계하지만, 궂은일을 마다하지 않고 마을 일을 도와주는 그레이스의 선의에 점차 마음의 문을 열게 된다. 그러나 경찰이 마을을 방문하고, 그녀를 찾는 실종자 벽보가 범죄자 신고 벽보로 바뀌면서 사람들은 불안해한다. 벽보에 나온 대로 그녀가 은행 강도 사건에 연루된 범죄자가 아니란 건 알지만, 그녀를 숨겨준 대가로 그레이스의 선의를 이용하는 사람들은 이전보다 더 많은 시간의 노동을 요구한다.

하필 왜 마을 이름이 '도그빌Dogville'일까(개 같은 마을이라니!), 궁금했는데 그레이스가 행여 도망칠까 봐 사람들이 그녀의 목에 강제로 쇠사슬을 묶어 노동력을 착취하고 성폭행을 저지르는 모습에서 이해가 되었다. 그들은 끔찍한 횡포를 당연한 권력처럼 휘두르기 시작한다. 또 그레이스가 마을 남자들을 먼저 유혹했다고 성폭행의 책임을 그녀에게 전가하는 추악한 꼼수를 부리기도 한다. 놀라운 것은, 도그빌의 사람들이 우리 마을의 그 엄마들처럼 평범한 소시민들이라는 것이다. 그제야 '도그빌'이라는 마을 이름이 우리들의 내면에 숨은 '악'의 중의적 표현이라는 것을 알아차릴 수 있었다.

생각해보면 도그빌은 우리 사회 도처에 존재하지 않는가. 2016년 5월 전남 신안군 섬마을의 한 초등학교 관사에서 여성 교사가 집단 성폭행을 당한 사건은, 가해자들이 사전 공모를 한 정황까지 포착되어 큰 충격을 주었다. 더 소름 끼쳤던 것은, 다음 날 임기를 마치고 섬을 떠날 교사를 성폭행한 세 명의 남성이, 우리 주위에서 흔히 만날 수 있는 평범한 마을 주민이라는 거다. 그들은 초등학생 자녀를 둔 학부모였고, 이웃 사람들이었다.

당시 신문과 TV에는 도덕이 바닥까지 추락한 '막장' 현실을 개탄하는 목소리가 날마다 뿜어져 나왔다. 그런데 사건의 정황 사이로, 피해자인 교사에게 책임을 묻는 목소리가 흘러나왔다. 왜 교사는 굳이 몸을 못 가눌 정도로 술을 많이 마셨을까? 왜 교사는 굳이 술자리 도중에 나오지 못했을까? '굳이'로 상정하는 어처구니없는 이야기가 사건의 본질과 다르게 회자되었다.

2세기경 에페소스라는 도시에 전염병 페스트가 창궐하자, 도시의 정신적인 지도자였던 아폴로니우스는 걸인에게 전염병의 책임을 떠넘긴다. 사람들에게 '돌을 들어 모든 신의 적인 저 녀석에게 던지시오!'라고 외치며, 이 거지야말로 페스트를 일으킨 악마라고 몰아붙인다. 돌 던지기를 주저했던 사람들이 하나, 둘, 돌을 던지자 눈만 껌뻑이던 거지는 눈을 부릅뜨며 사람들을 바라보기 시작했다. 고통으로 그의 얼굴이 흉악하게 일그러질수록, 사람들은 걸인의 얼굴 속에서 악마를 보았다고 확신하게 된 것이다. 그 결과, 사람들은 죄책감 없이 걸인이 죽을 때까지 돌을 던질 수 있었다고 한다.

이 이야기는 페스트를 치유한 '아폴로니우스의 기적'으로 둔갑해서 후대에 전해졌다. 걸인을 페스트를 일으키는 악마로 만들어버림으로써, 살인이 기적으로 미화된 것이다. 혐오가 낯설고 이질적인 것을 차별하는 것에서 출발하여 우리 안에 있는 무지와 두려움을 숙주삼아 어떻게 자라는지 보여주는 이야기다.

'아폴로니우스의 기적'의 이야기는 지금도 계속되고 있다. 신안군 섬마을의 교사에게 책임을 묻던 사람들, 성폭력 피해자들에게 2차 가해를 하는 사람들은 도그빌의 사람들과 닮아 있다. 성폭력 피해자를 꽃뱀으로, 스스로를 보호하지 못한 여성으로 낙인찍는 것은, 자신 내면의 무지와 악을 투사하는 것에 다름 아니다.

성폭력 피해 여성들에게 책임을 전가하는 2차 가해는 성폭력 가해자와 그들을 비호하는 세력에 의해 꾸준히 흘러나온다. 본능에 충실한 남자들을 '알아서' '잘' 피하지 못한 여성들에게 책임을 묻고 성범죄의 원인을 돌리는 추악하고 비열한 모습은 여전하다.

✖ 여성혐오를 통해 유지되는 가부장제

하루가 멀다 하고 일어나는 여성을 상대로 한 '묻지 마 폭행 사건'의 배후에도 여성혐오가 존재한다. 가해자인 남성들은 평소 '여자에게까지 무시를 당하는 나'라는 굴절된 피해의식을 드러내는 경우가 많았는데, 이는 여성을 남성인 자신보다 하위로 생각하지 않고서는 일어날 수 없는 생각이다. 성공한 남성에게는 따라붙지 않는 위협이 성공한 여성에게는 익명성에 숨겨진 채 무수히 자행되는 현실만 보아도, 우리 사회에 만연한 여성혐오를 충분히 짐작할 수 있다.

직장을 그만두고 일 년 동안 혼자 세계여행을 떠난 여성의 홈페이지를 우연히 들여다보다가 깜짝 놀란 것은, 그녀가 단지 여성이라는 이유로, 혼자 세계여행을 떠난 도전적인 용기가 한순간에 가려져버린 거다. '감히 여자가 혼자 일 년 넘도록 여행할 생각을 어떻게 했냐?' '성폭행 안 당한 게 다행이네' 등, 조롱을 일삼고, 여자 혼자 장기여행을 했다는 이유로, 입에 담기조차 민망한 온갖 욕설과 성적 비하의 말을 댓글로 다는 남자들은 우리 안에 보이지 않는 도그빌이 아닌가. 그들이 인터넷 밖에선 학교 선후배이고, 아들이고, 친구이고, 남편이고, 아버지라는 걸 생각하면 절망스럽기만 하다.

중세 유럽에선 역병이 돌아 민심이 흉흉해지면, 마을 주민들과는 조금 다른 삶을 영위해가는, 특히 혼자 살아가는 여자들이 줄지에 역병을 퍼뜨리는 마녀가 되어 무고하게 살해되곤 했다. 수많은 여성들이 마을의 광장 한가운데에서 불태워져 역병을 두려워하는 사람들의 불안을 잠재웠다. 어쩌면 가부장제의 역사는 여성을 혐오 자체로 만들어갔던 불행한 시간이 아니었을까. 여성 안의 욕망은 거세한 채, 여성을 때론 성녀로, 때론 마녀로 남성들이 욕망하는 모습으로 박제화시켰던 세월은 아니었을까.

중세의 마녀재판이 여전히 유효한 채 우리 사회를 떠돌고 있다고 믿는다. 화형 제도라는 형식만 사라졌을 뿐, 유리천장을 흔드는 여성들에 대한 린치는 늘 암묵적으로 대기 중이기 때문이다.

희생양을 찾아내 처벌함으로써 사회 구성원들의 불안을 잠재웠던 역사의 흔적속에서, 그 희생양이 늘 여성과 아이, 성소수자와 장애인 등, 사회적 약자였다는 부끄러운 사실을 늘 마주한다. 희생양이 많아질 때 우리는 '세상이 악하다'고 말하는데, 그렇다, 지금, 세상은 참 악하다. 남성중심적인 가부장제 사회의 그림자가 투사해서 만들어낸 여성혐오가 역사적인 과도기와 맞물리면서 점점 더 큰 괴물로 만들어지고 있다.

만약 이 혐오의 질주를 멈추지 못한다면, 우리는 '도그빌'이란 평화를 회칠한 무덤에서, 계속 살아갈 수밖에 없을 것이다.

✖ 다름을 있는 그대로 받아들이는 '혁명'

목에 쇠사슬을 두른 그레이스가 마을 주민인 톰에게 묻는 장면은 그래서, 아프게 가슴을 친다.

"당신도 그런 인간일까 봐 두렵나요?"

마을에서 유일하게 양심과 도덕의 편에 선 것처럼 떠들어대지만, 결국 그레이스를 배신하는 위선적인 지식인의 상징 톰. 내 안에 숨어있는 톰을 마주할 때, 그레이스의 저 질문을 던져본다. 두려움에도 불구하고 두려움과 함께 희망을 향해 걸어가는 것이 용기라고 말하고 싶다. 그러므로 두려움을 무릅쓰고 여성에 대한 세상의 편견을 허무는 과정은 우리 사회에 만연한 여성혐오를 벗어나는 길 일 것이다. '여자가 기가 세면 팔자가 세다' '계집아이처럼 울지 말아라' 등, 피부처럼 들러붙은 오래된 편견을 허무는 혁명이 필요한 것이다.

자신 안의 어둠을 밖으로 투사해서 사실을 왜곡하는 것이 위험한 까닭은, 희생양을 만들어내기 때문이다. 내 안의 무지와 두려움을 투사해서 바라보는 세상은 서로의 다름을 인정하지 않고 계속 혐오를 만들어낼 수밖에 없다.

페미니즘이 우리 모두가 함께 살아가는 방법을 찾아가는 가치라고 말하고 싶은 이유다. 사람이 사람답게 살아가는 세상을 만드는 이 '일상의 혁명'을 하지 않는다면, 영화의 마지막에 도그빌 사람들이 갱단에 의해 몰살당했듯 우리를 기다리고 있는 것은 죽음뿐이지 않을까.

우리가 서로의 다름을 있는 그대로 받아들일 때 어둠의 투사는 비로소 멈춘다. 이제, 깨어나야 한다.

〈도그빌〉을 더 잘 읽기 위한 영화미학

덴마크 감독 라스 폰 트리에Lars Von Trier는 영화 〈도그빌〉에서 기독교 정신으로 위장한 미국 사회의 부패한 속내를 실험적으로 풍자한다.

프롤로그를 포함해 열 개의 장으로 구성된 영화는 실제로 연극 무대에서 펼쳐지는데, 미니멀리즘의 진수를 보여주는 것처럼 무대 배경이 과감히 생략된 상태다. 벽과 문이 없어서 심지어 집집마다 서로 무얼 하는지 투명하게 들여다볼 수 있지만, 마치 벽과 문이 있는 것처럼 행동하는 사람들은 안데르센의 동화『벌거벗은 임금님』을 떠올리게 한다. 진실을 보지 않으려는 양심 부재의 마을 도그빌을 도발적으로 표현해낸 상징이 아닐 수 없다.

생략된 무대 배경은 영국의 연극 연출가 피터 브룩Peter Brook의 〈빈 공간〉의 미학도 연상시킨다. 불필요한 소도구들을 제거하고 순수한 연극 그 자체를 지향한 빈 공간의 무대에서 '연극 본질로의 회귀'를 꿈꿨던 피터 브룩의 공연에서, 배우들이 과장하지 않고 담담하게 세상의 부조리를 말한 것처럼, 영화 〈도그빌〉에서 배우들은 절제된 연기로 우리 안의 악을 고발하고 있는 것이다.

이러한 일련의 영화미학적인 장치들은 극작가 브레히트Bertolt Brecht 서사극의 '소외 효과'처럼 일반적인 감정이입과는 다르게, 낯설게 바라보는 거리감이다. 동시에 관객들로 하여금 마을 사람들의 폭력에 방관한 채 동참하는 듯한 착각도 불러일으킨다. 그레이스가 성폭행을 당할 때, 벽과 문이 없는 마을 도그빌의 사람들이 동시에 함께 보이는 장면이 특히 그러하다. 관객들은 폭력 앞에서 방관하고 있는 불편함과 무력감을 함께 느낄 수밖에 없다.

02

삶을 대면하지 않고는
평화를 찾을 수 없어요

디 아워스

The Hours

스티븐 달드리 감독, 메릴 스트립·줄리안 무어·니콜 키드먼 주연, 2002

"그녀 때문에 자살 충동을 이길 수 있었어요."

'울프'라는 닉네임을 사용했던 여성은 자살하고 싶은 생각이 들 때마다 영국의 작가 버지니아 울프Virginia Woolf가 강에 빠져 죽으려고 윗도리 호주머니에 돌을 집어넣는 모습을 떠올렸다고 했다. 역설적으로, 그 장면은 그녀를 살아가게 했다. 강바닥에 완전히 가라앉기 위하여 허기를 채우듯 허겁지겁 자신의 몸에 돌을 채워 넣는 버지니아 울프의 모습은, 오히려 강한 삶의 충동으로 그녀를 이끌었다.

영화 〈디 아워스〉를 보며 치유 워크숍에서 만났던 그녀, 울프가 생각났다. 그녀의 삶은 버지니아 울프의 호주머니 속 돌보다 얼마나 더 무거웠을까? 지금 이 시간에도 강물 속으로 혼자 들어가려는 울프는 세상에 또 얼마나 많을까? 마음이 아팠다. 여러 물음들이 강물 위로 떠올랐다.

✖ 시공간을 뛰어넘어 이어진 세 여성의 삶

영화 <디 아워스>는 버지니아 울프의 자살로 시작한다. 일상의 삶과 예술의 불가능한 요구 사이에서 깊은 절망을 느꼈던 그녀가 강물 속으로 걸어 들어가는 장면부터, 바닥 없는 심연이 된 강의 물줄기는 세대를 초월하여 오로지 여성들만의 서사로 이어진다.

각기 다른 시공간을 살았던 세 여자들의 삶이 서로 교차해 나오는 영화 <디 아워스>는 단 하루 동안의 이야기다. 1923년 영국의 리치먼드에서 소설 「댈러웨이 부인」을 집필 중인 작가 버지니아 울프, 1951년 미국 LA에 사는 임신 8개월의 평범한 가정주부인 로라, 2001년 미국 뉴욕에서 출판사 편집자로 일하는 클라리사, 이 세 명의 여자들이 보내는 하루를 다룬다.

세 가지 이야기는 얼핏 착란적으로 보인다. 하지만 다른 시공간을 살았던 세 여자의 하루는 신기하게도 서로 닮아 있다. 마치 한 여자의 이야기처럼. 또 이들은 소설 「댈러웨이 부인」과 모두 이어져 있다. 이 작품을 쓴 실존 작가 버지니아 울프와, 「댈러웨이 부인」을 읽으며 위로와 영감을 얻는 로라, '댈러웨이 부인'이라는 별명을 지닌 클라리사는 먼 시공간을 뛰어넘어 긴밀하게 연결되어 있는 것이다.(소설 「댈러웨이 부인」도 한 여성의 일생을 하루라는 시간으로 압축한 작품이 아닌가.)

버지니아 울프는 자신이 붕괴될 것 같은 불안을 느끼며 런던에서 온 언니와 조카를 파티로 맞이하려고 한다. 로라는 어린 아들 리처드와 함께 남편의 생일 케이크를 집에서 만들다가 돌연 혼자 호텔에 가서 자살을 시도하지만, 결국 자살을 포기하고 둘째아이가 태어나면 집을 떠나리라 결심한다. 애인이 있는 클라리사는 에이즈로 죽어가는 옛 애인이자 시인인 리처드의 문학상 수상을 기념하는 파티를 준비 중인데, 어린 시절 자신을 버리고 떠난 엄마 로라에 대한 상처를 안고 살아온 리처드는 파티 이야기를 하려고 집에 찾아간 클라리사 앞에서 창밖으로 뛰어내린다.

즐겁게 파티를 준비하는 것처럼 보여도, 세 여성은 모두 한결같이 우울하다. 그들 중 행복한 사람은 아무도 없다. 맞지 않는 옷을 억지로 입은 것처럼, 버지니아와 로라는 결혼제도에 적응하지 못한 채 사소한 일상과 늘 불화하고, 커리어 우먼인 클라리사는 옛 애인 리처드를 자기희생이란 명목으로 도와주며 자신 안의 고통은 못 본 척 덮으려고만 한다.

그들에게 간절한 것은, 있는 그대로의 모습으로 살아갈 수 있는 '자기만의 방'이다. 시대와 공간은 다르지만 세 여성 모두 같은 세월을 살고 있는 이유다. 대학 시절 내 친구처럼.

✖ 여성의 희생 위에 건설된 '집안의 평화'

대학을 졸업하자마자 결혼한 친구는 고향인 서울을 떠나 남쪽으로 내려갔다. 우리는 문학 동아리에서 시를 썼다. 어두울수록 빛나는, 세상의 모든 살아 있는 것들을 노래하는 시를 쓰고 싶었다. 세상이 당연하다고 이름 붙인 가치들을 전복하고 날마다 우리는 새로워지고 싶었다. 그래서 남편이 나이가 많아서 예비 시가에서 재촉한다는 이유로 졸업하자마자 서둘러 결혼한 친구를 난 이해하기 힘들었다.

빨간 머리 앤의 친구들처럼, 친구와 나는 오랜 시간 서로 편지를 주고받았는데, '결혼하니 외롭다'고 보내온 친구의 편지를 기억한다. 결혼한 지 얼마 안 되어 보내온 편지는 지금도 꺼내볼 때마다 마음 한편을 먹먹하게 만든다.

> 결혼은 나를 많이 변화시켰어. 자꾸만 낡은 사진첩의 흑백사진이 머리에 떠오른다. 그 속에는 어린 시절의 아버지의 모습이 있고 아주 가냘픈 소녀였던 엄마도 있지. 러시아의 영화감독 안드레이 타르콥스키의 글이 떠오른다.
>
> "너 자신에 관한, 너의 아버지와 할아버지에 관한 영화다. 너처럼 살아갈 인간, 그럼에도 불구하고 너일 뿐인 인간에 관한 영화다."

설이나 추석에도 서울의 친정집에 한 번도 올라오지 못했던 친구는 외아들에 대한 집착이 심한 시모의 폭언으로 한동안 정신과 상담까지 받아야 했다. 그래서 친구가 보낸 편지에는 그 시절 사막처럼 무성했던 절망이 늘 불안하게 스며 있다.

> 내가 무수히 그냥 스쳐지나갔던 소중한 사람들이 얼마나 많은가. 이런 생각을 하면 숨이 막히려고 해. 지금 이 순간 내가 보아야 할 연극이 이

지구 어딘가에서 울려지고 있지. 그리고 내가 만나야 할 좋은 사람들, 나의 발길을 기다리는 어느 아름다운 도시가 있어. 그런데 나는 지금 왜 여기서 무엇을 하고 있는 걸까.

친구의 예는 극단적인 경우지만, 인공지능 시대라는 이름이 무색하게 유교적인 가부장 문화가 서슬 퍼렇게 살아 있는 우리 사회에서 여성에게 여전히 결혼은 자신을 일정 정도 포기해야만, 또 길들여져야만 생존할 수 있는 그 무엇이 아닌가. 아무리 남편을 사랑하고, 아이들이 잘 자라주어도, 그들과 공유하지 못하는 내밀한 절망은 여성들 안의 생명력을 갉아먹는 그 무엇이 아닐까. '집안의 평화'라는 명목으로 여성의 희생을 으레 당연하게 강요해온 것이 한국의 결혼 제도임을 친구를 보며, 또 주위에서 수없이 회자되는 기혼여성들의 애환을 들으며 절감할 수밖에 없었다. 그래서 영화에서 버지니아 울프가 남편에게 공허한 낯빛으로 이야기하는 장면은, 곱씹을수록 서늘하기만 하다.

"난 어둠 속에서 혼자 고통받아요.
깊은 어둠. 그 고통을 아는 건 오직 나뿐이라는 거예요."

✖ 자기만의 방이 필요한 여성들

명절만 지나면 이혼율이 급증한다고 한다. 지인 중에는 설날에 남편이 설거지를 했다는 이유로 그다음 날 이혼을 결정한 여성도 있다. 개수대에 산처럼 쌓인 기름기 밴 그릇 더미를 남편과 함께 설거지를 했을 뿐인데, 귀한 아들이, 소중한 남동생이 손에 물을 묻히고 설거지를 (그것도 시가에서) 한다는 사실이 가부장적 사고로 무장한 시모와 시누이의 심기를 건드렸고, 아침밥 먹고 사소하게 촉발된 싸움은 그동안 가족들 간의 묵은 감정까지 건드리면서 결국 두 사람은 이혼을 했다. 우리 사회에서 결혼 기피 여성이 늘어나는 추세가, 절로 이해될 수밖에 없는 이야기가 아닌가.

얼마 전 카페에서 우연히 듣게 된 낯선 여성들의 대화도 이 사회가 여성에게만 특별히 짐 지우는 결혼의 무게를 보여주는 것 같았다. 30대 후반쯤일까. 친구 사이로 보이는 두 여성은 신나게 남편과 아이 이야기를 이어가다가 돌연 어색하게 말을 멈추었다. 한 여성이 깊은 한숨을 내쉬고 던진 말 때문이었다.

"그런데, 집에만 있으니까 내가 그냥 아무것도 아닌 것처럼 느껴져… 꼭 기계가 된 것 같은 기분 있지?"

그 여성도 버지니아와 로라, 클라리사처럼 자기만의 방이 필요해 보였다. 해결되지 않은 문제는 시간과 공간을 거슬러 유전된다고 했던가. (결국 나중에 자살하지만) 버지니아 울프가 소설을 쓰면서 자기 파괴의 욕구를 견뎌내며 가출을 시도했다 실패한 것에 반해, 자살을 포기한 로라는 소설 「댈러웨이 부인」을 읽고 가출을 실행한다. 그런 로라의 가출로 인해 그녀의 아들 리처드가 평생 상처를 안고 살아가다가 클라리사가 보는 앞에서 자살을 하는 것은 또 어떠한가.

영화 〈디 아워스〉처럼 모든 삶은 서로 이어져 있다. 친구의 네 살 배기 아들은 자신의 엄마를 괴롭히는 할머니를 적대시하고, 사람들에게 마음을 열지 않는 자폐 증세를 보였는데, 이는 친구의 고통이 아들에게 고스란히 전해진 탓으로 보였다. 마치 그것은 상처의 악순환과 같다.

이 모두를 가부장제의 폐해라고 뭉뚱그려 말하기에는, 여성들이 겪는 고통은 집요하도록 구체적이고 현재 진행 중이다. 특히 직장일을 하는 기혼여성에게는 참으로 가혹하다고 말할 수밖에 없는 사회 환경이다. 여성이 일하는 것을 장려하는 분위기에서 일도, 살림도, 슈퍼우먼처럼 완벽하게 해내는 여성을 원하는 사회라니! 결혼한 여성들이 마음 놓고 일할 수 있도록 육아휴직이나 보육 환경과 같은 제도적 뒷받침은 잔인할 정도로 미비한 채 말이다.

몇 해 전 어느 진보정당에서 공약으로 내건 '슈퍼우먼 방지법'은 그 법 이름 자체가 씁쓸한 미소를 짓게 한다. 슈퍼우먼 방지법안에 따르면, 산전후 휴가도 길어지고 남편이 함께 육아에 임할 수 있는 환경을 조성하겠다는데, 북유럽 국가들의 발달된 보육정책을 부럽다고만 말하지 말고, 이제 우리의 실생활 속에서 구체적인 대책을 세울 때다. 그동안 여성들이 슈퍼우먼이라는 허울 좋은 이름으로 이중의 희생을 강요당한 걸 생각하면, 머릿속이 아득해질 뿐이다.

✖ '당신의 삶은 어디에 있냐'는 질문

집에서 살림하는 남자를 취재했을 때도, 여성에게만 일방적으로 주어진 살림의 무게를 실감할 수 있었다. 일곱 살 딸을 데리고 약속 장소에 나타난 남자는 먼저 점심을 먹고 인터뷰를 하자며, 미리 알아봐둔 식당이 있다고 빠른 걸음으로 앞장을 섰다. 점심 한 끼 간단히 먹는 밥집을 예상했던 나는 그가 샹들리에가 화려한 뷔페식당으로 들어가자 적잖이 당황스러웠다.

그의 말에 따르면, 아내는 살림이 적성에도 맞지 않을뿐더러 전혀 소질도 없었다. 밖에서 일하지 않고 집에서 살림만 하며 아이를 키우게 된 것은, 공무원인 아내보다 그가 단지 살림을 좀 더 잘했기 때문이었다. 하지만 한여름에 좁은 부엌에서 선풍기 한 대만 의지한 채 비지땀을 흘리며 딸의 천기저귀 더미를 솥에 넣어 삶는 일은 정말이지 지긋지긋했다고 남자는 고백했다. 일한 만큼 대가를 받는 바깥일에 반해 집안일은 생색도 낼 수 없는, 해도 해도 끝없는 무임금 노동이라며, 집에 하루 종일 있다 보면 유일한 즐거움이 가끔 나가서 먹는 외식이라고 계면쩍게 덧붙였다. 그때서야 너무도 행복한 표정으로 뷔페식당을 종횡무진했던 그를 이해할 수 있었다.

여성들의 사회활동이 많아지고 맞벌이 부부가 늘어나면서 과거보다야 집안일을 분담하는 부부가 많아졌겠지만, 우리 머릿속에는 '그래도 가정 살림의 책임자는 여성'이라는 시각이 아직도 익숙하다. 더구나 한국사회처럼 결혼한 여성에게 이중으로 덧씌워지는 '시집에 대한 며느리 도리' 등과 같이 보이지 않는 덕목과 의무들은 여성들을 더욱 압박한다.

2018년 전국출산력 및 가족 보건·복지 실태조사에 의하면, 배우자가 있는 기혼여성 10명중 7명 이상은 '남편은 밖에서 돈 벌고 아내는 집에서 가족을 돌본다'는 전통적인 부부 성역할에 대해 동의하지 않는 것으로 나타났다. 하지만 이런 상황에서도 집안 살림과 일을 모두 완벽히 해내는 슈퍼우먼을 여성들에게 강요하는 것은 또 얼마나 이율배반적인가.

리처드가 생을 떠나기 전 클라리사에게 "당신의 삶은 어디 있냐?"고 물어보는 것은, 이 땅을 살아가는 모든 여성들에게 던지는 질문이기도 하다. 더 늦어지기 전에 찾아가야 한다. 여성들이 자기만의 방을 갖고 살아갈 수 있는 세상, 누군가의 희생으로 이루는 평화가 아닌 진짜 평화를!

그 평화를 찾기 위해, 영화에서 버지니아 울프가 그을음을 토해내듯 말하는 대사를 복기해야 하는 것은, 허무하게 흐르는 세월 속에서도 여성들이 새로운 시간을 만들어야 하는 이유일 것이다.

"삶을 대면하지 않고는 평화를 찾을 수 없어요."

⟨디 아워스⟩를 더 잘 읽기 위한 영화미학

영화의 모태가 된 소설 「댈러웨이 부인」은 결혼 전 규범에 얽매이지 않은 자유로운 영혼으로 살았지만, 결혼 후엔 공허한 사교생활만 쫓아다니는 댈러웨이 부인의 하루 동안 의식의 흐름을 따라가는 소설이다.

영화는 의식의 흐름을 쫓는 소설의 형식미를 정교한 교차 편집으로 담아낸다. 서로 다른 시간을 살아가는 세 여성들의 삶이 수평적으로 교차하며 영화의 메시지를 압축적으로 강도 있게 전달하고 있는 것이다. 주인공 댈러웨이 부인의 이름이 클라리사라는 사실은, 소설 「댈러웨이 부인」과 영화 ⟨디 아워스⟩의 긴밀한 관계를 보여준다.

실존 작가 버지니아 울프의 자살과 동성애 성향, 정신증은 리처드의 자살과 클라리사의 애인, 로라의 분열에 가까운 불안으로 고스란히 반영되었다. 그것은 동시에, 과거에는 꿈꿀 수 없었던 동성애와 가출, 그리고 이혼의 자유로움을, 시간이 흐를수록 현실로 살게 된 여성들의 삶을 점층적인 진화로 펼쳐 보여주는 장치로도 기능한다. 하지만 세 여성들은 여전히 자신이 아닌 누군가를 위한 파티를 준비한다는 점에서 서로 닮은, 한 명의 여성이다.

버지니아 울프가 자살하러 들어간 강물과 로라가 자살을 시도하기 위해 간 호텔방에 차오르던 물이 하나로 이어질 수밖에 없는 이유도, 분석심리학의 관점에서 물이 죽음과 생명을 상징하기 때문인데, 결국 로라가 자살을 포기하고 가출하여 새로운 삶을 선택한 것을 생각한다면 죽음과 재탄생을 하나로 겹쳐 상징하는 강렬한 오브제가 아닐 수 없다.

　　영화에 자주 등장하는 꽃은 영화 제목인 '시간'의 의미를 반추하게 해준다는 점에서 인상적이다. 파티를 위해 꽃을 사고, 꽃다발로 식탁을 장식하는 여성들의 모습은, 생명의 아름다움과 허무를 동시에 품은 존재인 꽃, 곧 흐르는 세월, '디 아워스The hours'를 상징적으로 보여준다.

03

실종된 그녀들의
목소리 찾기

미씽

이언희 감독, 엄지원·공효진 주연, 2016

언제부턴가 벌레들이 우리의 언어생활을 잠식하기 시작했다. '맘충' '급식충' 등 우리 사회에서 벌레로 우글거리는 혐오. 특히 '어머니 벌레'라는 뜻의 맘충은 아이를 키우는 엄마를 혐오의 대상으로 본다는 사실이, 꽤나 충격적이다.

그런데 맘충은 있는데, 왜 '파파충'은 없는 걸까? 아이를 키우는 사람이 무조건 여자라고 규정한 전제는 아닐까. 자녀 양육이 온전히 엄마인 여성에게만 짐 지워진 현실을 역설적으로 통렬하게 반영하고 있는 것은 아닌가?

✖ '가정주부 이데올로기'의 억압

우리나라의 출산율은 OECD 35개 회원국 중에서 최하위다. 사회 곳곳에서 저출산에 대한 우려의 목소리가 높지만, 출산율은 여전히 감소하고 있는 추세다. 아이를 낳은 뒤 독박 육아를 하는 여성들을 위한 육아지원 정책이 가정과 일터를 통틀어 턱 없이 미비한 실정이다. 열악한 육아환경도 모자라 아이를 키우는 일을 온전히 여성에게만 짐 지운 한국 사회에서 아이를 가진 여성들은 엄마라는 존재 자체만으로 비난받는 것이 또한 현실이다.

영화 〈미씽〉의 주인공 지선도 마찬가지다. 회사에서 녹초가 될 정도로 밤낮없이 일하며 혼자 아이를 돌보는 지선에게 돌아오는 것은, 가정에도, 직장에도 충실하지 못하다는 비난뿐이다. 또 그녀는 보모에게 아이를 맡긴 무책임한 엄마라는 꼬리표까지 달고 다닌다. 이혼한 뒤 어린 딸을 보모 한매에게 맡기고 직장에 나가는 지선에게, 한매는 참으로 든든한 의지처가 아닐 수 없다. 혼자 아이를 키워야만 하는 그녀에게 한매는 자매처럼, 때론 엄마처럼 옆에 있어주는, 또 다른 가족인 것이다.

에코페미니스트 마리아 미즈Maria Mies는 『가부장제와 자본주의』라는 책에서 눈에 보이지 않는 가부장제 사회의 폭력을 이야기하고 있다. 그것은 '가정주부' 이데올로기인데, 가정에서의 여성의 노동이 공기처럼 사용할 수 있는 자연자원으로 환원되는 현실이다.

워킹맘인 여성들은 아이에게 온전히 투신하지 못하는 자신에 대해 마음 한구석에 자책감을 늘 안고 산다는데, 안타깝게도 일하는 아빠들에게는 찾아보기 힘든 감정이 아닌가. 가정에서 여성들의 노동이 공기처럼 당연시되는 현실에서, 일도, 집안일도 모두 완벽하게 해내는 슈퍼우먼이라는 환상은, 여성들을 벼랑 끝까지 몰아가는 우리 사회의 가정주부 이데올로기가 분명하다.

✖ 행방불명되어 사라진 여성들

어느 날 퇴근하고 집에 돌아온 지선은 딸 다은과 보모 한매가 사라져버린 걸 알게 된다. 하지만 그녀는 딸의 실종을 신고하러 경찰서에 가지 못한다. 이혼소송으로 아이를 남편 측에 넘겨줘야 되는 입장이기에, 아이가 사라졌다고 말할 수 없는 진퇴양난에 몰려 있기 때문이다. 뒤늦게 경찰과 가족에게 사실을 알리지만, 아무도 그녀의 말을 믿지 않는다. 오히려 양육권 소송 중에 지선이 일으킨 자작극으로 의심받는다.

결국 아이를 직접 찾아 나선 지선은 그동안 보모 한매가 자신에 대해 이야기했던 모든 것이 거짓이었음을 알게 되는데, 이름, 나이, 출신을 거짓말한 것뿐만 아니라, 중국에서 매매혼으로 한국에 시집와 살던 중에 아픈 아이의 수술비 때문에 안마방에서 몸을 팔고 장기 밀매도 했다는 사실까지 알게 된다. 또 병원 입원비가 밀려서 지선의 남편이 의사로 일하는 병원에서 한매의 아이가 강제로 쫓겨나고 그 자리를 빼앗은 아이가 바로 지선의 아이 다은이었다는 사실도. 쫓겨나자마자 아이가 죽어버려 고통과 절망으로 진물이 나도록 너덜너덜해진 한매의 삶과 만나게 된 것이다.

처음에는 피해자와 가해자라는 대척점에 섰던 지선과 한매가 외모와 성격, 살아온 환경 등, 그 어느 것 하나 겹쳐지는 부분이 없는 그녀들이 시간이 흐를수록 비슷해 보이는 것은, 간절한 모성을 공유한 것에서 기인한다. 우리 사회에서 아이를 키우는 엄마로 살아간다는 일이 선택의 여지가 별로 없는 외딴섬처럼, 외로운 까닭도 한 몫을 할 터.

보모 한매가 말한 모든 것이 (진실을 차마 말할 수 없었던)거짓이었던 것처럼, 지선이 나중에 아이의 실종을 말했을 때 아무도 믿지 않았던 것처럼, 그녀들의 진실은 말하기도 전에 묻히고 폐기되어 버린다. 그런 의미에서 지선과 한매 모두 '미씽missing', 행방불명되어 사라진 존재들이다. 지상에 존재하나 실체는 없는, 보이지 않는 존재들이다.

경찰청 자료에 따르면 성인여성의 실종 신고 건수는 해마다 늘고 있다. 2007년 1만8천601명이었던 것이 2011년에는 2만3천507명으로 증가한 것을 보면, 5년 동안 무려 5천여 건이 늘어난 셈이다. 단지 물리적인 실종만 있을까. 초등학교부터 고등학교까지 이르는 동안 우리가 역사교과서에서 만났던 여성 인물은 과연 몇 명이나 될까? 여성 위인들을 교과서에서 만나기 힘들었던 이유를 여성들이 사회에 참여할 기회를 갖기 힘들었던 것에서 찾을 수도 있지만, 역사적으로 중요한 자리에 올랐던 여성들이, 단지 여성이란 이유로 낮게 평가되고 잊힌 경우가 많았기 때문은 아닌가.

✖ 죽음으로 세상에 알려진 여성들의 목소리

세상에서 실종된 그녀들을 찾는 과정은 지난하기만 하다. 실종된 시간이 오래된 만큼 막막하고 처절하다. 그래서 페미니즘은 세상에 분명 존재하나 보이지 않는 존재들을 찾아내 다시 그들의 이야기를 들려주는 것인지도 모르겠다.

아직 여성들에게 투표권이 주어지지 않았던 20세기 초, 영국의 여성 운동가들이 참정권을 얻기 위해 공장에서, 거리 곳곳에서 시위하며 투쟁했던 시간을 생각해보자. 정부에서 미동도 하지 않자, 1913년 여성운동가 에밀리 와일딩 데이비슨Emily Wilding Davison은 국왕이 참석한 경마대회에서 여성 참정권을 달라고 외치다 무서운 속도로 내달려오던 경주마에 부딪혀 죽었다.

이 사건으로 인해 여성들의 참정권 요구가 세상에 널리 알려져서 이후 여성들이 투표권을 얻는 데 기폭제가 되어주었다니, 역설적으로 한 여성의 죽음은 그동안 보이지 않았던 여성들의 목소리를 세상에 들려준 셈이다. 죽음에 내몰리기까지 포기할 수 없었던, 여성들의 간절한 소망을 가부장제 사회에 들려준 것이다.

페미니즘 철학자 줄리아 크리스테바Julia Kristeva는 가부장제 사회에서 여성이 실천할 수 있는 역할에 대해 "현재의 사회상태 속에서 한정되고, 규정되고, 구조화되고, 의미 지워진 모든 것을 거부하는 것"이라고도 말했다. 영화 〈미씽〉에서 우리는 가부장제 사회가 여성들에게 짐 지우고 규정지은 프레임을 넘어서려는 여성들의 목소리를 듣는다.

영화의 마지막, 바다에 빠진 한매를 구하러 바다에 뛰어든 지선이 한매에게 전해준 손수건은 그녀들을 연결시켜주며 바다 속에서도 마르지 않는 그녀들의 눈물을 닦아준다. 한매가 죽은 자신의 아이를 위해 만든 손수건은, 서로의 상처를 싸매주며 연대하며 나아가자고, 벼랑 끝에서 다시 일어나 걸어가자고 내내 춤추듯 흩날린다.

그때 한매가 아이에게 불러주는 자장가가 아주 가까이서 들려오는 것 같았다.

"우리 아가, 항상 고운 것만 보고 좋은 것만 듣게 엄마가 지켜줄게.

세상에서 제일 행복한 아가로 만들어줄게.

엄마가 그렇게 할 거야.

사랑해, 내 아가."

〈미씽〉을 더 잘 읽기 위한 영화미학

영화는 쫓고 쫓기는 두 여자 주인공의 심리를 과거와 현재를 순간순간 교차하여 긴박하게 담아냈다. 특히 핸드헬드 카메라의 역동적인 움직임은 실제 일어난 일을 촬영한 듯한 현장감을 전해준다. 적재적소에 사용된 광각렌즈와 망원렌즈 촬영은 지선과 한매의 심리를 관객들로 하여금 더 깊이 들여다보게 한다.

지선이 한매를 추적하면서 점점 드러나는 한매의 고통스러운 과거는 현재 아이의 실종으로 고통 받는 지선의 심리와 고스란히 오버랩되는데, 이는 전혀 다르게 보이는 두 여성이 실은 가부장제 사회에서는 똑같은 처지의 한 사람일 수도 있다는 숨겨진 진실이다.

영화의 마지막에 중국으로 가는 배 위에서 한매를 발견한 지선이 그녀를 쫓자, 막다른 끝에서 아이를 안고 바다에 뛰어들려 하는 한매를 지선은 손수건을 보여주며 설득한다. 한매가 죽은 자신의 아이를 위해 만든 손수건 말이다. 하지만 한매는 지선의 아이 다은을 넘겨주고 혼자 바다에 뛰어드는데, 그녀를 구하러 같이 바다에 뛰어든 지선이 바다 속에서 한매를 만나는 장면은 꿈꾸듯 몽환적이다. 한매가 부르는 자장가가 잔잔하게 울려 퍼지면서 한매는 지선이 던져준 손수건, 죽은 아이의 이름이 새겨진 손수건을 힘주어 손으로

움켜쥔다. 바다가 삶과 죽음, 더 나아가 무의식의 상징이란 점을 기억한다면, 이 장면은 의미하는 바가 크다. 바다를 매개체로 한매가 죽고 아이는 살아 돌아왔기 때문이다. 지선에게 다가와 안기는 다은의 첫걸음마로 끝나는 마지막 장면이, 세상에서 지금도 무수히 사라지고 있는 여성들을 향해 걸어가는, 작지만 단단한 희망으로 다가올 수밖에 없는 것이다.

회사에서 남자동료들이 조금만 몸이 닿으면 "미투 할 거냐?"고 농담조로 묻는데 불쾌하다 못해 화가 나더군요. 정색하고 기분 나쁘다고 말하기엔, 농담이라고 웃으니, 아무 말도 못 하겠고요. 또 예전처럼 퇴근 후 회식 모임에도 언제부턴가 잘 부르지 않아서 왕따 당하는 기분도 듭니다. 제가 어떻게 대처해야 할까요? 미투 운동 이후 왠지 더 암담해지는 기분입니다. 더 나아지지 않고 오히려 과거로 다시 돌아간 느낌이랄까요?

과거로 다시 돌아간 느낌이라니요! 끔찍하지만, 공감되는 말이군요. 님이 지금 회사에서 겪고 있는 일련의 일들은 엄밀히 말하면 '펜스 룰'입니다. 펜스 룰Pence Rule은 미국의 부통령 마이크 펜스가 '아내가 아닌 다른 여성과 절대로 단둘이 식사를 하지 않는다'는 자신의 가치관을 밝힌 데서 유래했는데요. 남성이 가족 이외의 여성과 단둘이 있는 상황을 만들지 않는다는 원칙이지요.

직장 내 성희롱을 해결할 방법으로 남성들이 펜스 룰을 사용하는 것은 분명 또 다른 여성차별입니다. 왜냐하면 펜스 룰은 공적인 공간인 직장에서 여성들의 입지를 사적으로 좁혀, 오히려 업무면에서 여성들을 불리하게 만들어 버리기 때문이지요. 또 여성들을 잠재적인 유혹의 대상으로 상정한 점에서, 분명 성차별적인 규칙이고요.

영화에서 여성은 남자들을 파멸시키는 유혹의 캐릭터로 숱하게 표현되어왔습니다. 흔히 팜파탈 영화들에서 우리는 여성을 바라보는 이중적인 시선을 눈치챌 수 있는데요. '팜파탈femme fatale' 하면 떠오르는 영화 〈원초적 본능〉의 샤론 스톤Sharon Stone을 볼 때마다 가부장제 사회의 '원초적인 두려움'을 만나곤 합니다.

여성의 원초적인 욕망을 무의식적으로는 두려워하면서, 여성들의 욕망을 향해 음란하다고, 사악하다고, 손가락질하는 가부장제 사회의 이중성은 숨이 막힙니다. 성적인 욕망을 거침없이 자유롭게 표현하는 '팜파탈 캐릭터'는 그러니까 가부장제 사회의 두려움과 혐오를 한 몸에 받고 있는 여성 캐릭터인 셈인데요.

그래서일까요? 팜파탈 캐릭터는 정의의 사도로 나선 남자 캐릭터에 의해 단두대에 올려져 대부분 장렬하게 사라집니다. 여성을 성녀와 창녀로 구분한 채 여성의 본능을 경계하고 두려워하는 가부장제 사회의 악을 비춰볼 수 있는 캐릭터가 팜파탈이라고 하면 너무 나간 걸까요?

그렇다면 가부장제 사회가 선호하는 여성 캐릭터를 한번 살펴볼까요? 영화 〈스텝포드 와이프〉에는 가부장제 사회가 좋아하는 여성 캐릭터가 샘플 표본처럼 아주 잘 나와 있는데요. 니콜 키드먼Nicole Kidman이 분한 조안나는 페미니즘 프로그램을 진행하던 중 사회적인 파장을 일으켜 해고되고, 남편과 함께 스텝포드 마을로 이사하게 됩니다.

주목할 만한 점은 스텝포드 마을이 범상치 않은 마을이라는 겁니다. 버튼만 누르면 남자들의 욕망이 투사된 여자들이 로봇처럼 우스꽝스럽게 등장하는 마을이라니, 가부장제의 이상향이라고 해야 할까요? 언제나 친절한 미소로 남편을 맞이하는 여자들은 살림도 척척 잘하고 남편이 섹스를 원할 때에는 거절하는 법 없이 늘 긍정적으로 임합니다. 그렇습니다. 가부장제 사회가 선호하는 '수동적인 여성 캐릭터'들이 쌍둥이처럼 모여 있는 마을이 바로 스텝포드 마을입니다.

영화 후반부에 가면 평화로운 가부장제 사회를 건설하려는 음모가 드러납니다. 여성들의 머릿속에 남자들 말에 무조건 순종하는 인공 칩을 넣으려는 간교한 속임수였던 것이지요. 가부장제 사회의 폐해를 그로테스크하게 풍자해 보여주는 영화 〈스텝포드 와이프〉를 보고 있으면 왠지 모를 기시감에 기분이 묘해집니다.

생각해보면 '스텝포드 마을'은 이곳저곳 있지 않나요? '여성은 의당 ~해야 한다'는 신념이 당연시되는 곳은 어디든 스텝포드 마을일 테니까요. 오랜 세월 동안 (영화와 삶 속에서) 여성들은 남자들 옆에서 보조적인 위치로, 중요 서사에 부연설명을 달거나, 주체적으로 말하기보다는 미소만 실없이 짓는 캐릭터로 규정되어져 왔으니까요. 놀라운 것은, 이렇게 비현실적인 여성 캐릭터가 가부장제 사회에서는 여전히 이상적인 여성상으로 추앙받고 있다는 것이지요.

하지만 요즘 들어 기존의 잘못된 패러다임을 비판하는 시각이 점점 많아지고 있습니다. 그에 대한 반격도 만만치 않고요.

1991년 나온 책『백래시』에서 저자인 수전 팔루디Susan Faludi는 '백래시Backlash'를 가리켜 여성의 독립성에 대한 적개심이 일으키는 현상이라고 말했는데요. 아, 영화〈스텝포드 와이프〉의 주인공이 과격한 페미니즘 프로그램을 진행하다가 사회적인 파장을 일으켜 해고된다는 설정 또한 전형적인 백래시 현상이라고 볼 수 있겠네요.

지난 2018년 서울시장 선거에 출마한 녹색당의 여성 후보의 선거벽보는 익명의 남자들에 의해 무수히 훼손되었지요. 단지 그녀가 자신을 페미니스트라고 소개했다는 이유로 말이죠. 또 페미니즘 운동을 지지하는 메시지의 옷을 입었다는 이유로 아르바이트에서 해고된 여성의 이야기를 신문에서 봤던 기억도 납니다. 그뿐인가요? 미투 때 가해자로 지목된 남자들이 어둔 구석에 숨었다가 스멀스멀 기어나오는 바퀴벌레처럼, 하나, 둘 나타나, 피해자 여성을 대상으로 무고죄 소송을 하는 비열한 작태는 어떤가요? 지금, 우리 사회에 백래시 현상은 전방위적으로 불고 있습니다.

중세시대 여성들을 역병을 일으키는 마녀로 몰아붙여 죽인 화형 재판을 떠올려봅시다. 백래시와 참으로 비슷하지 않나요? 페미니스트들을 마치 갈등과 분란을 일으키는 인플루엔자로 취급하는 지금 한국 사회의 현실과 말입니다. 페미니즘의 메시지보다는, 페미니스트들의 때론 과격한 행동에만 초점을 맞춰, 페미니즘에서 정작 전하려고 하는 메시지를 교란시키며 지워나가는 가부장제 사회의 교활함 말입니다.

영화〈마녀〉에서 주인공인 소녀 구자윤이 과거의 기억을 떠올리며 고통을 느끼면서도 "나는 누구인가?" 스스로에게 끝없이 질문을 던지는 모습은, 그래서 서늘하게 다가옵니다. 자신을 마녀로 만든 이들에게 미련 없이 복수를 하는 장면도 더할 나위 없이 통쾌했고요.

자신에게 낙인처럼 찍힌 '마녀라는 정체성'에서 또 다른 정체성을 찾아 떠나는 모습은, 페미니즘에 전방위적으로 반격을 시도하는 백래시 앞에서 꼭 풀어내야 할 숙제처럼 다가오지요. 페미니즘의 정체성을 흔들려는 백래시 현상은 우리가 지켜나가야 할 페미니즘의 가치, 방향성에 대해 치열하게 생각해보게 해주니까요.

그런데 백래시 현상은 한국 사회에서 처음 일어난 것이 아닙니다. 1980년대 미국은 2019년도 한국과 데자뷔처럼 오버랩되는데요. 1966년 미국은 전미여성협회가 결성된 후 페미니즘 운동이 활발하게 일어나기 시작합니다. 사회의 성차별적인 구조를 서서히 바꿔나가기 시작했던 겁니다. 1972년 남녀평등 헌법수정안이 의회를 통과한 것을 비롯해 이후 여성의 낙태권이 인정받기에 이르지요.

하지만 1980년대 보수 정권이 집권하면서 상황은 180도로 바뀌게 됩니다. 제조업에서 서비스업으로 사회의 경제 지지대가 이동하면서 노동자 수백만 명이 일자리를 잃자, 급격한 사회적 변화로 인한 타격이 애꿎은 여성들에게 향하게 된 것인데요. 남자 노동자들은 여성에게 일자리를 빼앗겼다고 생각을 하고, 가정에서 남편을 섬겨야 하는 여자들이 주제도 모르게 경거망동한다고 생각했답니다. 그러한 생각은 전염병처럼 사회에 번져나갔고, 보수정권을 지지하는 수많은 남자들에게 페미니즘은 주적이 되어갔지요.

남자들은 여성들이 자신의 목소리를 내는 것을 싫어했습니다. 여성을 전통적인 가족 제도로 묶어두고 싶어 했지요. 그래서 이후 가정폭력에 시달리는 여성들을 남편으로부터 보호하는 법이 폐지되었고, 낙태와 이혼과 관련된 법적인 도움을 원하는 여성들도 외면하는 정부가 되어갔는데, 가정이 여성이 최종적으로 유일하게 도달하여야 할 가치라는 거짓 신념이 유행처럼 퍼져나갔던 것이지요.

그것도 모자라 페미니스트에 대한 부정적인 이미지도 보수 기독교와 결탁되어 적극적으로 만들어지기 시작했는데요. 페미니스트 여성들은 남자들에게 인기도 없을뿐더러 팔자도 세다는 식의 수준 낮은 가짜 뉴스들이 '중산층 가족 이데올로기'라는 포장 아래, 매스미디어를 통해 사회에 적극적으로 전파되기에 이르지요.

우리 사회에서 조금만 페미니즘적인 발언을 하면 비난을 하는 것도 바로 그 이유겠죠. '김치녀'와 '된장녀'로 여성을 혐오하며 페미니즘이 경쟁에서 낙오된 남자들을 짓밟고 올라가려는 힘센 여자들의 납득할 수 없는 권리 주장이라고 한 편에서 왜곡하는 것역시 백래시겠고요.

가부장제 사회에서 세뇌당하며 자란 남자들에게 여성은 고통 중에도 인내하고 착해야 하기 때문입니다. 그래야 '여성스러운 여성'이기 때문이지요. 자신이 원하는 것을 당당히 주장하는 페미니스트 여성들은 불편할 따름입니다.

시몬느 보부아르Simone de Beauvoir가 쓴 책『제2의 성』에는 아주 유명한 말이 나옵니다. "여성은 태어나는 것이 아니라 만들어진다!" 이 말을 처음 접하고 나서야 어린 시절부터 풀리지 않아서 궁금했던, 하지만 순응해야만 했던 것들의 답을 얻을 수 있었는데요. 왜 남자아이들 옷은 파랗고 여자아이들 옷 색은 굳세게 분홍이어야 하는지, 왜 남자아이가 활발하면 씩씩하다고 하고, 여자아이가 활동적이면 나댄다고 폄하했는지 말이지요.

물론 여성과 남성은 다릅니다. 몸의 생김새도 다르고 생리구조도 다르지요. 문화가 무서운 이유 중 하나는, 이 눈에 보이는 '다르다는 것'을 정신적인 것과 존재 자체까지 확장하고 왜곡시킨다는 점입니다.

그리고 그 왜곡에는 여성에 대한 가부장제 사회의 비틀린 환상이 있습니다. 스텝포드 마을에 사는 여성들이 하나같이 바비 인형 같은 외모를 취하고 있는 것도 그렇지요. 영화 보다가 문득 궁금해졌습니다. 스텝포드 마을에는 왜 금발의 백인 여성들만 있는 걸까? 그녀들이 사는 잘 닦인 마루와 레이스 달린 커튼은 찾아볼 수 없는 집에서 고통 받는 여성들이 떠올랐습니다.

흑인 페미니즘 운동가 벨 훅스bell hooks는 가부장제 사회의 기존 구조를 유지하며 여성의 사회적인 평등을 부분적으로 실현하려 했던 '개혁주의 페미니즘'을 책『모두를 위한 페미니즘』에서 비판했습니다. 개혁주의 페미니즘을 이끈 백인 여성들이 사실상 사회의 주류인 백인 우월주의를 벗어나지 못한 채, 오히려 가부장제가 강화되어가는 상황을 방조한 결과를 낳았다고 비판했는데요. 중산층 백인 여성들뿐만 아니라, 남성에 비해 턱 없이 낮은 임금을 받으며 공장에서 일하고, 퇴근 후에는 육아와 살림을 전담해야 하는 흑인 여성들을 비롯한 레즈비언 등, 소수자들의 고통을 결코 외면하지 말아야 한다고 주장했습니다. 페미니즘이 계급 엘리트주의에 맞서 사회를 근본적으로 변혁시키는 상상력이 되어야 한다고 벨 훅스는 생각했던 것입니다. 백인 중산층 여성들이 주축이 되어 일으켰던 '개혁주의 페미니즘'이 인종차별의 벽을 넘어서지 못하는 것을 안타깝게 여겼지요.

영화 〈스텝포드 와이프〉를 모티브로 만든 영화 〈겟 아웃〉에서 성차별과 인종차별의 유사점을 만나는 것은, 흥미롭습니다. 중산층 백인 노인들에게 뇌를 강탈당한 흑인들이 뇌를 빼앗기기 전의 자신을 관객처럼 바라만 보는 모습은 안쓰러웠는데요. 인상적이었던 것은 자신도 모르는 반란을 몸이 꿈꾸는 장면들이었습니다. 흑인으로 살았던 오래전 기억이 희미하게 찾아오면 혼란스러운 나머지 한밤중에 갑자기 마당을 질주하거나 눈물을 흘리는 모습에서 가부장제 사회에서 본연의 정체성을 잃어버린 채 사는 여성들의 얼굴이 떠오른 것은 그리 놀랍지 않았지요.

영화 〈모아나〉에서 주인공 모아나는 '나는 모투누이의 모아나다'라는 말을 반복해서 말하며 자신의 정체성을 확인합니다. 모투누이 마을을 이끄는 족장의 딸로 태어난 모아나는 바다 저 멀리, 암초를 넘어서는 안 된다는 아버지의 훈육을 받고 자랍니다. 하지만 모아나는 선택받은 인간으로, 바다를 건너 모험을 떠날 운명을 쥐고 태어난 여성이었죠.

어느 날 할머니에게서 듣게 된 오래된 전설, 바다와 섬을 만든 태초 신의 심장을 반신반인인 마우이가 훔치고 난 후로 저주를 받아 땅이 메마르게 되었다는 이야기는 모아나의 운명을 다시 흔들어 깨웁니다. 태어날 때부터 받은 소명을 다시 찾게 된 것입니다.

그래서 모아나는 섬을 탈출합니다. 심장을 원래 자리로 돌려놓기 위해 금기의 바다를 건너 괴물 마우이 앞에서도 두려워하지 않고 당당하게 말하지요. "나는 모투누이의 모아나다!"

죽음 앞에서 모아나는 비로소 용기를 낼 수 있지 않았을까요? 할머니가 들려준 전설도 동인이 되었겠지만, 무엇보다 그녀를 움직인 것은 신의 심장을 되돌려놓지 않으면 세상이 황폐해져 결국 모두 죽어갈 거라는 절망이 아니었을까. 세상의 모아나들이 찾아가려는 세상은, 편견이 넘쳐나는 좁디좁은 가부장제 사회가 아닌, (영화에 나오는)'태초에 넓디넓은 대양에 솟아난 어머니의 땅'처럼 광대한 곳일 테니까요. 그곳은 바다를 건너는 위험을 무릅써야만 만날 수 있는 곳입니다. 아버지, 곧 가부장제 사회로부터 주입받은 가짜 정체성을 깨뜨리고 나가 진짜 자기 모습을 만나기 위해선 생명을 건 모험이 불가피했던 것이지요.

그런데 모아나가 찾던 정체성이, 본래부터 모아나 안에 있었던 모습이라는 거에 주목하고 싶습니다. 심리정신분석가 클라리사 에스테스Clarissa P. Estes는 여성 안에 본래 있었지만, 오랜 세월 동안 잃어버렸던 야성을 회복해야 한다고 말했습니다. 그 야성이 "여성의 가장 깊은 영혼에서 올라온 태곳적 생명인 야성적인 자아"라는 설명도 잊지 않았는데요.

미스터리 스릴러 영화 〈델마〉는 무의식까지 침투한 가부장적인 폭력에 저항하여 스스로 야성적인 자아를 발견하는 여성의 이야기입니다. 좀 이상하다 싶은 여성들을 마녀로 몰아 죽인 중세 유럽 마녀사냥의 현대판 스토리이기도 한데, 스무 살 대학생 델마의 초자연적인 능력은 저주이자 축복인 양날의 검입니다.

그녀의 아버지는 딸의 능력을 저주로만 규정한 채 통제하려고만 하지요. 그의 모습에서 기독교에서 여성을 악의 근원으로 바라보려는 시선을 읽을 수 있습니다. 여성 안의 생명력, 그 엄청난 신성을 보지 못하는, 아니 보기 두려운 가부장적인 남자들이 자신 안에 있는, 주체하기도 힘든 폭력의 그림자를 여성들에게 투사하는 것과 닮았다고나 할까요.

영화 〈겟 아웃〉에서 늙은 백인들의 뇌를 이식받은 흑인들이 예기치 않게 들이닥치는 (원래 자신의 뇌에 있던)희미한 기억들을 억누르는 모습이 고통스러운 이유이기도 합니다. 그 기억에게 내 머릿속에서 나가라고 소리치듯 말하는 것 같지요. "겟 아웃! 겟 아웃!" 하고요. 내가 나였던 시간, 살아 있던 자유의 기억. 하지만 지금은 불편한 기억. 왜냐하면 그 기억대로 지금 살아 있지 못하기 때문이죠. 중산층 백인 노인들의 뇌 이식으로 한순간에 자신의 인생 무대에서 주인공이 아닌 관객이 되어버린 스스로를 받아들이기엔 비참하기 때문이죠. 그래서 과거에 자신으로 살았던 시간을 부정해버리고 싶은지도요.

지난해 여름 111년 만의 폭염에도 불구하고 '여성을 대상으로 한 몰카 범죄 강력처벌 촉구 집회'에 수만 명이 넘는 여성들이 참여하는 것을 보면서 다시는 돌아올 수 없는 강을 건너고 있는 느낌이 들었습니다. 펜스 룰과 백래시가 난무하지만, 이 도도한 흐름을 앞으로도 결코 막을 수는 없을 거란 예감이 들었지요.

영화 〈델마와 루이스〉에서 델마가 경찰에 쫓기는 신세가 되었지만, 성폭력을 당한 곳으로 죽어도 다시 가긴 싫다고 말했던 장면이 여성들과 겹쳐졌습니다. 여행 중에 당한 성폭력에 우발적으로 살인을 하게 된 델마와 루이스는 졸지에 도망자 신세가 되었지만, 가부장제 사회와 결코 타협하지 않았지요. 다시 돌아간들 그녀들을 기다리는 것은 조롱과 수치로 만들어진 노예 같은 삶이란 걸 잘 알고 있었으니까요.

그녀들의 외침은 지금도 광장에서 외치는 붉은 옷의 여성들의 외침과 너무도 닮았습니다. 지난해 불처럼 일어난 미투 운동 이후 우리는 "미투 이전으로 돌아갈 수 없다"고 광장에서 내내 외치고 있잖아요. 그걸 이미 잘 알고 있잖아요.

델마와 루이스가 서부의 고속도로 위에서 만난 남자들의 성희롱에, 피하지 않고 똑같이(성희롱은 안 했으니 똑같지는 않군요!) 응분의 복수를 해주던 장면도 떠오릅니다. 델마와 루이스를 성희롱한 남자들은 그녀들이 수치스러워하며 도망치길 기대했겠지요.

하지만 예상 밖으로 그녀들은 자신들을 성희롱한 남자들의 파렴치한 행동을 그대로 되비쳐줍니다. 미러링을 해준 셈인데요. 90년대에 델마와 루이스 같은 여성 캐릭터가 존재했다는 사실은 경이롭기까지 합니다. 그것은 벼랑 끝의 고통에도 굴하지 않고 나아갔던 여성들의 이야기이지요.

주말이면 광장에 모이는 수많은 여성들의 외침 역시 더 이상 물러설 곳 없는 벼랑 끝에서의 외침이겠지요. 불법 촬영물로, 성폭력으로 수많은 여성들이 죽어가지만, 가해자인 남자들에게는 관대한 처벌을 내리는 썩을 대로 썩어빠진 이 땅의 법 앞에서, 여성들은 더는 물러설 곳이 없으니까요.

영화의 마지막, 델마와 루이스를 태운 자동차는 멈추지 않고 절벽을 향해 질주합니다. 하지만 델마와 루이스는 죽지 않았습니다. 절벽을 벗어나 스톱모션으로 공중에 멈춰버린 자동차는 신화 속에 나오는, 영원히 죽지 않는 새 피닉스 같았거든요. 아, 경찰에 쫓기는 중에도, 이렇게 깨어 살아 있었던 적이 없었던 것 같다며 설레던 그녀들의 얼굴과도 닮아 있었습니다!

그래요, 델마와 루이스처럼, 우리도 끝까지 가보아요. 더는 갈 데가 없이 벼랑 끝에 몰린다는 건, 비상할 일만 남아 있는 걸 테니까요.

20세기 초, 여성들에게도 투표권을 달라고 거리에서 생명을 걸고 싸웠던 싸운 영국 여성운동가들의 이야기를 다룬 영화 〈서프러제트〉에 나온 대사를 되새기고 싶군요. 당시 여성참정권 운동을 이끌었던 운동가 에멀린 팽크허스트는 수많은 여성 동지들 앞에서 이렇게 선언을 하지요.

"나는 노예가 될 바에는 반란군이 되겠어요!"

백 년이라는 시간이 흘렀지만, 그 선언은 여전히 유효합니다. 당신과 나, 우리 모두, 이 길 위에서 부디 살아남았으면 좋겠습니다. 있는 그대로의 존재로 살아가는 걸, 힘들지만 매 순간, 선택하면서요.

04

내 안의 여신을
만나라

루나사에서 춤을

Dancing at Lughnasa

팻 오코너 감독, 메릴 스트립·마이클 갬본 주연, 1998

몇 해 전 가을, 강화도의 여신 영성모임(1970년대 초 미국에서 시작된 여신 영성운동은 여신을 중심 상징으로 한 영성을 추구하는 대안문화이며, 가부장제 사회의 폐단으로 인한 고통을 치유하는 페미니즘 운동으로서 현재 세계적으로 널리 퍼져나가고 있다)에서 만난 그녀는 마치 안데스 산맥을 횡단하는 인디오 여자 같았다. 치렁치렁한 검은 머리에 이국적인 모자, 멕시코 화가 프리다 칼로Frieda Kahlo를 닮은 어둡고 진한 눈썹, 무표정한 얼굴은 강렬하고도 단단하게 서 있는 나무의 이미지로 내게 다가왔다.

여름이면 나신裸身이 되어, 고향 강화의 부드러운 진흙 갯벌에 누워 밤하늘의 쏟아지는 별을 바라본다는 이야기는, 얼마나 야생적인 자유로움으로 다가왔는지! 그녀는 그날 모임에 온 여성들 그 누구와도 닮지 않은, 가장 독자적인 사람이었다. 그녀의 닉네임 '야생의 춤'

처럼, 몸을 열어 자연과 춤을 추는 사람이었다.

인상적이었던 것은 그녀가 세상을 대하는 삶의 방식이었다. 길에서 만나는 작은 들꽃 하나에도 마음을 다해 안부를 물었는데, 그것이 우주의 중심인 '내'가 우주의 중심인 '너'에게 전하는 인사라는 설명은, 왠지 모를 영감을 주었다. 그녀는 운명을 자신의 손에 움켜쥔 채 스스로를 주체적으로 세워나가는 여신 영성운동의 모토를, 몸으로 직접 살고 있었다.

✖ 가부장제가 만든 갑옷을 입고 사는 여성들

영화 〈루나사에서 춤을〉은 여성들이 자신의 몸이 전하는 이야기를 들을 때, 가부장제 사회의 갑옷에서 벗어나 자유로워질 수 있다고 말하고 있다. 그리고 그 통로로 춤과 음악을 이야기한다.

영화의 배경은 남자가 여자를 다스림이 마땅하다는 의식이 팽배했던 1930년대 아일랜드의 작은 시골 마을이다. 부모가 죽은 후 결혼하지 않은 채 모여 사는 다섯 자매의 일상이 아름다운 자연풍경 속에서 펼쳐진다.

첫째 케이트는 종교적인 전통을 중요시하는 도덕주의자로, 교사로 일하며 집안의 실질적인 가장 역할을 하고 있다. 그에 반해 둘째 매기는 담배 피는 것을 즐겨하는 유쾌한 성격의 소유자다. 뜨개질로 집안의 생활비를 보탤 만큼 손재주가 좋은 셋째 아그네스는 속이 깊고 과묵하다. 정신적으로 미성숙해서 언니들의 걱정을 한몸에 받는 넷째 로즈는 아이처럼 순수하다. 다섯 자매의 막내 크리스티나는 싱글맘으로 여덟 살배기 어린 아들 마이클을 네 언니와 함께 키우는데, 어린 시절을 회상하는 마이클의 내레이션을 통해 영화는 담담하지만 깊은 울림으로 전개된다.

✖ 춤과 음악이 있는 축제, 루나사의 의미

어느 날 큰오빠 잭이 아프리카에서 25년 만에 집에 돌아오면서 평온했던 일상에 균열이 간다. 가톨릭 사제로 오랫동안 아프리카에서 선교 활동을 했던 잭이 정신이 온전치 않은 상태로 귀향하자, 오빠 잭을 못마땅하게 여긴 지역 신부의 모략으로, 교사인 케이트가 학교에서 갑자기 해고당한 것이다. 설상가상으로 방직공장이 마을에 들어서면서, 그동안 뜨개질로 생활비를 보태던 셋째 아그네스도 하루아침에 일감을 잃게 된다. 아내가 도망간 유부남 대니와 연애를 하고 싶어 하는 넷째 로즈가 케이트와 보이지 않는 갈등을 일으키던 차였다. 또 막내 크리스티나는 아들 마이클의 아버지이자, 18개월 만에 찾아온 애인 제리가 민주주의라는 이상을 위해 스페인 내전에 참여한다는 말을 듣고 힘겨워한다.

이런저런 삶의 부침을 견디며 사는 그들에게 해마다 돌아오는 축제 루나사는 틀에 박힌 일상을 잠시라도 떠날 수 있는 달콤한 일탈이다. 그해 풍작을 기원하는 루나사 축제에는 주위의 눈치를 보지 않고 자유롭게 누릴 수 있는 춤과 음악이 풍성히 존재하기 때문이다.

그러나 루나사를 이교도의 방종한 축제라고 생각하는 케이트는 동생들이 루나사에 가고 싶어 하는 것을 마땅치 않게 여긴다. 다 큰 여자들이 춤이라니! 그녀는 정숙한 여자들에게는 춤이 어울리지 않는다고 생각한다. 고향을 떠나기 전과는 다르게 춤추고 노래하는 걸 좋아하는 큰오빠 잭을 유독 낯설게 바라보는 케이트다. 춤추는 걸 마치 신에게 예배드리는 것처럼 여기는 큰오빠 잭뿐만 아니라, 유부남과 사랑에 빠진 넷째 동생 로즈, 싱글맘인 막내 크리스티나, 이 모두가 그녀에게는 단정한 일상에 균열을 내는 존재들인 것이다.

✖ '이교도의 문란한 축제'라는 근본주의적 종교관

어린 시절 청교도적인 교회의 문화 속에서 성장한 나는 케이트에게 연민이 들었다. 강박적인 금욕주의에 짓눌려 있던 교회 사람들을 그녀가 떠올려주었기 때문이다. 오래전 교회 청년들과 함께 동네를 돌아다니며 캐럴을 불렀던 성탄전야가 기억난다. 한 시간 넘게 집 집마다 돌아다녔던 캐럴 합창도 거의 끝나가던 참에 남자친구에게 전화가 왔다. 며칠 전 약속한 카페에서 기다린다는 전화였다. 그런데 합창 대열에서 벗어나려는 순간, 평소 혼전순결을 삶의 절대적인 가치로 신봉하던 한 여성이 야심한 밤에, 그것도 크리스마스 이브에 남자친구를 만나는 것이 문란한 행동이라도 되는 것처럼 비아냥댔다. 당시 난 그녀의 행동이 황당하기만 했다.

이후 그녀가 교회의 한 남자 청년과 사귀다가 헤어진 후에 '순결을 책임지라'며 전 남자친구를 스토커처럼 따라다니면서 괴롭힌다는 이야기를 들었다. 그때 그녀의 이중적인 면모에 놀라면서도 씁쓸했던 기억이 있다. 한국 교회에서 그녀와 같은, 회칠한 무덤의 위선적인 사람들을 만나는 것은 그리 어렵지 않다. 그들의 특징 중 하나는 이분법적인 사고다. 진리가 오로지 하나라고 생각하기 때문이다.

영화에서 케이트가 루나사 축제를 문란하다고 바라보는 것 또한 이원론적 시각이 아닌가. 그녀는 춤 안에 치유의 힘이 있음을 보지 못한다. 여성들이 몸이 들려주는 이야기에 귀를 기울였을 때, 생명력을 느끼며 스스로를 사랑할 수 있음을 알지 못한다.

결국 내가 교회를 떠난 이유 중 하나도 이분법적 사고와 공생하는 근본주의적 신앙의 편협함이었다. 나에게 신은 때론 어머니요, 때론 친구인데, 꼭 '아버지'로만 부르라는 강요는 다분히 억지스러워 보였다. 남성 아래에 여성을 두는 창조의 질서도 받아들이기 힘들었다. 모든 것을 대립적으로 갈라놓은 채, 서로 다른 것들 사이에 다양한 층위의 존재들이 존재하는 걸 받아들이지 않는 믿음은 위험할 수밖에 없다고 생각했다.

흥미로운 점은, 가부장제 사회에서 여성을 남성의 하위 존재로 대하며 규정지은 채 통제하는 현상이 이원론적인 근본주의 신앙과 아주 유사하다는 것이다. 하지만 페미니즘은 대부분의 사람들이 대립된 두 가지만을 바라볼 때, 두 가지 사이에 존재하는 다양성을 주목하는 존재 발언이다. '사이'에 숨어 있는 직관의 목소리를 따라가는 여정 말이다.

그 '사이'에 존재하는 다양성을 인정할 때, 우리는 여성과 남성이 창조적으로 공존하는 세상에 좀 더 가까이 다가갈 수 있을 것이다.

✖ 살아 있음, 존재함……다섯 자매가 함께 추는 춤

그러나 그 세상으로 가는 여정은 아직 깊은 어둠이다. 라디오의 음악에 맞춰 다섯 자매가 춤을 추는 밤, 어둠 속에서도 멈추지 않는 열광적인 그림자들은 그녀들 안에서 숨 쉬는 소리들이 춤으로 발현된 것처럼 다가왔다. 그 무의식의 춤을 나는 여신 영성모임에서 만날 수 있었다. 밤에 바닷가에 모여 함께 춤을 추는 순간, 그동안 나를 자유롭지 못하게 했던 내 안의 묵은 감정들이 자유롭게 풀어지는 걸 느꼈다.

그것은 결핍감으로 늘 허기졌던 나의 가슴속을 나의 들숨과 날숨이 채우고 있다는 발견이기도 했다. 내가 숨을 쉬고 있는 한, 죽을 때까지 날 지지해줄 무언가가 내 안에 단단하게 존재한다는 믿음과도 같았다. 살면서 만나는 절망과 슬픔을 모두 거뜬히 받아주고도 남을 만큼 커다란 쿠션이 내 안에 상주하는 느낌이라고나 할까.

그날은 마침 3년 만에 찾아온 개기월식의 밤이기도 했다. 그러니까 바닷가에서 춤을 추고 숙소(고향인 강화도에서 오랫동안 여신영성에 관한 그림을 그리는 화가의 집)로 돌아가던 길, 칠흑 같은 밤하늘에 오월의 라일락꽃처럼 돋아난 별들은 내가 이제까지 만난 그 어떤 별들보다도 찬란했다. 어둠이 깊을수록 별이 더 빛난다는 걸, 그날 난 눈으로 확인할 수 있었다.

영화에서 살아 있음, 현존의 정점은 다섯 자매가 함께 어우러져 웃으며 춤을 추던 햇살 난만한 여름날이다. '내 안의 여신'을 찾아가는 여성들과의 연대가 아름다웠던 강화도의 밤처럼, 자신 안에 숨쉬는 생명력을 느끼는 순간, 그들은 자유롭고 행복해졌다. 종교라는 관습적이고 폐쇄적인 공간을 벗어나 오히려 춤을 추면서, 자연 도처에서 내가 신을 더 가깝게 만날 수 있었던 것처럼.

✖ 언어가 사라지고 그 자리에 남은 것

벨기에 출신의 철학자이자 언어학자인 뤼스 이리가레^{Luce Irigaray}는 여성과 남성의 평등을 추구하는 것만이 페미니즘은 아니라고 말했다. 여성들 스스로 단지 어머니로서가 아닌 '여성' 그 자체로서 가치를 발견할 때, 여성들이 평등의 권리도 더 잘 누릴 수 있지 않느냐는 질문을 던진 것이다. 이는 여성들 스스로 존재 자체로서 자신을 알아가는 것의 중요성을 말해주는 것일 터.

바닷가에서 춤을 추고 돌아온 화가의 집에서 그녀, '야생의 춤'은

몇 십 년간 살았던 고향인 강화에 대해 어느 날 아는 게 별로 없다는 생각이 들었다고 말했다. 그때부터 배낭 하나 짊어지고 강화도 구석구석을 직접 발로 찾아다니며 몸으로 순례했는데, 그 이야기는 내게 깊은 인상을 주었다. 왜냐하면 우리가 잘 알고 있다고 생각하는 것이, 실은 사회로부터 주입받은 관념일 가능성이 많은 탓이다.

인간이 최초로 신을 여성으로 표현했다는 것은 엄연한 사실이나, 이제는 잊힌 이야기로 전락해버리지 않았던가. 역사에서 우리는 여신의 흔적을 꾸준히 지워나갔다. 자연의 생명과 죽음, 재탄생을 관장하던 여신은 단순히 남성성에 반하는 여성성만을 가진 존재가 아니었다. 인간의 의식의 관점에서는 여성적인 이미지로 보이지만, 여신은 여성성과 남성성 이 두 가지를 함께 지닌 존재, 이원론적인 한계를 뛰어넘는 존재였던 것이다.

아그네스가 로즈를 데리고 런던으로 떠나버린 뒤에도 남은 가족들의 삶은 지속되었다. 하지만 함께 음악에 맞춰 춤을 추던 찬란했던 여름날의 기억은 점점 희미해져갔다.

영화의 마지막에 흐르던 마이클의 내레이션은 그 기억을 잊지 말라고, 힘들어도 계속 따라가라고, 그래서 종국에는 회복하라고, 간절한 목소리로 우리에게 전하는 것 같다.

"난 어른이 돼서 이곳을 떠날 날만 손꼽아 기다렸다.

하지만 그 해 여름은 꿈처럼 기억에 남았다.

귀로 듣고 마음으로 상상한 음악의 꿈.

음악과 그 메아리가 한데 어우러진 꿈.

그때를 회상하면 춤이 떠오른다.

언어가 몸짓에 굴복한 듯한 춤이.

말이라는 것이 필요하지 않기에 언어가

사라지고 그 자리에 남은 춤이."

〈루나사에서 춤을〉을 더 잘 읽기 위한 영화미학

루나사는 농업의 풍요를 주관하는 태양의 신 '루'를 기념하는 축제로, 기독교가 전파되기 전 아일랜드에서 수확철에 풍작을 기원하며 열렸다. 영화에서 루나사라는 이름을 지닌 라디오는 바로 루나사 축제의 생명력을 전하는 오브제로서 작용한다. 라디오 루나사에서 흘러나오는 음악에 맞춰 춤을 추면서 다섯 자매는 루나사에 가고 싶은 갈망을 키우고, 아마도 오래전 루나사의 기억을 떠올렸을 것이다. 다 기억하지는 못하지만 여성 안에 유전인자로 새겨진 여신의 기억, 지치지 않고 무한히 샘솟는 생명력을 말이다.

영화 후반부에 라디오 루나사가 잡음으로 지지직거리자, 주파수를 애써 맞춘 다음에 어둠 속에서 광란의 춤을 추는 장면이야말로 여성 안에 존재하는 생명의 기운을 찾아가기 위해 여성들이 통과해야 하는 고통의 여정을 보여주는 상징적인 장면이다. 그해 처음으로 갖게 된 라디오 루나사를 보고 큰오빠 잭이 '기적'이라고 말하는 것에 반해, '과학'일 뿐이라고 케이트가 심드렁하게 말하는 장면 또한 잊히고 왜곡된 여신문화의 아픔을 역설적으로 만나게 해준다.

연을 날리다가 그만 줄을 놓쳐 하늘 높이 사라져가는 연을 하염없이 올려다보는 어린 마이클이 처음에 이어 마지막에도 나오는 것은 잃어버린 여신의 생명력을 기억하고 찾아가라는 간절한 바람으로 다가와서 오래도록 마음에 남는다. 큰오빠 잭이 위대한 땅의 여신 오비를 기리는 축제를 말하고, 나뭇가지로 양동이를 북처럼 두드리며 "집으로 돌아간다"는 말을 마치 주술처럼 반복하는 장면은 그래서 눈물이 난다. 영화 속 두 남자 큰오빠 잭과 크리스티나의 아들 마이클이, 여성과 함께 연대하며 여신의 기억을 함께 따라가려는 남성으로 다가오는 이유다.

05

가부장제의 울타리를
탈출하기

아메리칸 허니
American Honey

안드레아 아놀드 감독, 사샤 레인 · 샤이아 라보프 주연, 2016

언젠가 택시 운전기사와 한밤중 논쟁을 벌인 적이 있다. 택시 안 라디오에서 성매매 십대 여성들에 관한 뉴스가 나오고 나서였다. 중년의 남자 택시기사는 혀를 차며 십대 여성들을 욕했다. 설전은 나의 질문에서 시작되었다.

"미성년자를 대상으로 성매매를 한 남자들이 잘못한 것 아닐까요?"

"아이고, 그 아이들이 얼마나 선수들인데요. 남자들 머리 위에서 노는 아이들이라니까요."

그는 흥분하며 손사래를 쳤다.

남자는 미성년자 성매매의 잘못을 오로지 십대 여성들에게 짐 지우고 싶어 했다. 그러니까 그의 표현에 의하면, 성매수를 한 남자들은 성에 일찍이 눈을 뜨고 돈을 밝히는 성매매 십대 여성들의 꼬임에 운 나쁘게 넘어간 거였다. 다분히 왜곡되고 뻔뻔한 논리였다. 여성만을 향해, 그것도 피해자인 여성에게 낙인찍기를 즐겨하는 이 사회에 대해 여성으로서 분노가 일었다.

하지만 그날 내가 강한 반격을 하지 못했던 것은, 야심한 밤에 어처구니없는 논리로 무장한 중년의 한국 남자와 소모적인 논쟁을 하고 싶지 않아서였다. 자신만의 비뚤어진 생각을 강하게 주장하는 남자가 택시라는 밀폐된 공간에서 위험한 존재로 비쳤던 까닭이다. 성매매를 하는 십대 여성들을 비난하는 그의 눈빛에서 여성에 대한 혐오가 읽혀졌기 때문이다. 만약 그 택시를 다시 탈 수 있다면, 그 아이들이 왜 가출을 해서 성매매로 빠져들 수밖에 없었는지, 그 배경을 알고나 있냐고 반문하고 싶다.

✖ 거칠 것 없어 보이는, 그러나 자본에 예속된 자유

영화 <아메리칸 허니: 방황하는 별의 노래>의 주인공은 열여덟 살의 가출 소녀다. 어느 날 그녀는 우연히 동네마트에서 승합차를 타고 미국 전역을 돌아다니며 잡지 판매를 하는 또래 젊은이들을 만난다.

그들의 삶은 앵벌이와도 흡사하지만, 그녀의 눈에는 거칠 것 없는 자유로움처럼 보인다. 엄마가 죽은 후 새아빠에게 성적 학대를 당하며 어린 두 이복동생들을 데리고 먹을 걸 찾기 위해 쓰레기통을 뒤져야 하는 삶보다는 훨씬 나아보였으니까.

하지만 자존심까지 함께 패키지로 팔아야 하는 잡지 판매일은 녹록치 않았다. 날마다 장시간 차로 이동하며 허름한 모텔에서 잠을 청해야 하는 생활은 부초처럼 떠다니는 떠돌이의 삶이었다. 술과 담배를 의지한 채 밤마다 히피처럼 낭만적인 파티를 벌이는 것은 불안한 삶을 지탱하는 탈출구일 뿐, 잡지를 팔기 위해 낯선 집을 방문하는 일은 시간이 흐를수록 그들 자신까지 상품처럼 팔아야 하는 일로 전락하고 만다.

더구나 스타는 고객에게 유사 성행위까지 하는 벼랑 끝 처지로 내몰린다. 사우스다코타의 황량한 유전 지역에 이르렀을 때 모임의 리더 크리스털이 스타를 비롯한 여성 크루들에게 얇은 원피스를 한 겹만 입힌 채 승합차에서 내려줬을 때부터 어쩌면 예견된 일이었을까? 흥겨운 춤을 추며 영업 활동을 펼치는 그녀들을 바라보는 남자 노동자들은 잡지보다 그녀들의 몸만 무례하게 훑는다. 하지만 스타는 잡지 판매가 하루하루 생존과도 같기에, 일이 끝나는 저녁에 만나주면 잡지를 사겠다는 남자의 제안을 받아들일 수밖에 없었다.

우리 사회에서 십대 여성들의 성매매가 확산되고 있는 주된 이유를 전문가들은 사회 안전망의 부재에서 찾는다. 해마다 가출하는 청소년이 대략 20만 명 정도, 그중 1/4이 성매매에 유입이 된다고 하니 매우 심각한 상황이다. 스타처럼 많은 경우 이들은 학대와 폭력이 일상처럼 자행되는 가난한 집에서 탈출한 십대 여성들이다. 당장 잘 곳조차 없는 처지에서, 십대 여성들이 성병으로부터 안전하고 값이 싼 성매매를 원하는 남자 성구매자들이 제안하는 단돈 몇 만 원을 받고 성매매를 시작한다는 사실은, 그녀들이 사회 구조의 피해자라는 사실을 방증한다.

게다가 경찰 단속에 걸리면 성구매 남자들은 갈 곳 없는 가출 청소년들을 도와주었다는 파렴치한 변명을 하기 일쑤라고 한다. 미성년자 성매수 범죄를 엄중히 다루어야 할 경찰들, 대부분의 남자 경찰들은 십대 성매매 여성들을 피해자로 바라보지 않는 경우가 다반사라서 성구매 남자들이 강력하게 처벌되는 일도 드물다.

영화의 부제처럼 가출한 십대 여성들은 '방황하는 별들'이다. 빛나지만 언제 사라질지 모르는 검은 하늘을 유영하는 별들처럼, 폭력을 피해, 자유를 찾아 집을 나왔지만 세상은 안전하지도, 자유롭지도 않다. 하루치 판매량을 달성하지 못하면 한 달에 한 번 '루저의 밤'이란 파티에서 최하위 판매 실적을 지닌 사람들끼리 피 터지게 싸워야 하는 자유는, 철저히 자본에 예속된 그날 그날 소진되는 자유에 불과한 것이다.

스타가 속한 모임이 '소속감을 주면서도, 자유로울 수 있다'는 것은 얼마나 이율배반적인 말인가. 한없이 자유로운 젊음을 구가하고 있는 듯 보이지만, 실은 가난한 약자에 불과한 그들의 모습은 우리 사회에서 여성들이 자리한 좌표점과 비슷해 보인다. 가정이라는 울타리에서, 또는 친밀한 연인 사이에서 폭력을 당해도 제대로 된 보호를 받기 힘든 여성들의 아픈 자리 말이다.

✖ 여성에 대한 폭력이 일어나는 '집'

'한국여성의전화'는 언론에 보도된 살인 사건을 분석한 결과, 2016년 한 해 동안 남편이나 애인 등과 같은 친밀한 관계에 있는 남성에게 살해된 여성이 최소 82명이고, 살인미수로 살아남은 여성 또한 최소 105명이라고 밝힌 바 있다. 그뿐만이 아니다. 피해 여성의 부모, 자녀, 친구 등 주변 사람들이 중상을 입거나 생명을 잃은 경우도 최소 51명에 이르렀다. 지난 2018년엔 피해자가 여성이면서 가해자가 남성인 경우가 94.3%나 차지했다. 가해자들 대부분이 배우자와 애인, 데이트 상대자들로, 여성에 대한 폭력이 친밀한 관계에서 발생하는 것임을 짐작할 수 있다. 하지만 가해 남성 대부분은 피해 여성들에게 책임을 전가했다. '여자가 밤늦게 돌아다녀서 홧김에 저질렀다'는 등, 여성이 폭력을 일으킨 원인이라며 자신을 변명했다. 폭력과 살인 사건이 벌어지는 장소가 대부분 피해 여성의 집이나 일하는 곳이라는 점은 의미하는 바가 크다. 가장 안전하고 마음 편히 쉴 수 있는 공간이 가장 위험한 곳이 될 수 있는 현실 속에서, 폭력을 피해 집을 나간 여성들을 보호하는 사회적 환경 또한 열악하다.

이별에 앙심을 품은 전 남자친구의 협박에 경찰서에 가서 보호를 요청하고 언제든 위험이 감지되면 경찰이 즉시 출동할 수 있는 비상벨을 일하는 가게에 설치했음에도 무참히 살해된 여성을 뉴스에서 본 적이 있다. 그녀가 일하는 가게 주위에 전 남자친구가 나타나서 바로 비상벨을 눌렀지만, 경찰은 여성이 죽은 뒤에야 그곳에 나타났다. 단 몇 분의 차이로 억울하게 세상을 떠난 그 여성의 두려움을,

사실 이 땅을 살아가는 여성들은 하루하루 공유하고 있다. 비상벨이라는 SOS신호도 무색한 이 사회에서는 하루가 멀다 하고 여성을 대상으로 한 폭력이 집에서, 일터에서, 거리에서 일어나기 때문이다.

그리고 집에서 일어나는 폭력은 눈에 잘 보이지 않는다는 점에서 더욱 끔찍하다. 워크숍에서 만났던 어떤 여성은 남편에게 성폭행을 당했던 경험을 털어놓으며 울먹였다. 그녀의 남편은 밖에서는 한없이 착한 사람으로 정평이 나 있었지만, 집에 있을 때 자신의 기분이 조금만 안 좋아도 욕설과 폭언을 해대는 남자였다. 하루하루 고통 속에 살아가던 그녀가 이혼을 결심하고 일자리를 알아보던 때, 남편은 저항하는 그녀에게 성폭력을 자행했고, 그 사건 이후 둘째가 태어나자 그녀는 이혼을 포기해야 했다. 사실 이런 일들은 비일비재하다. 가정이라는 울타리에 가려져 잘 보이지 않을 뿐.

만약 당시 그녀가 이혼을 감행했다면, 그들 부부를 아는 주위 사람들은 그녀를 비난했을 것이다. 아이가 둘이나 있고 남편은 저렇게 착한데, 사소한 성격 차이로 이혼을 하다니, 속내도 알지 못한 채 그녀에게만 돌을 던졌을 것이다. 그 비난을 감당할 용기가 없었다고 그녀가 나중에 고백하기도 했으니.

여성들에게 그래서 가정은 이중의 의미다. 스타에게도 명목상 보호자는 있었지만, 집에서 학대를 당하지 않았나. 가정에서 의당 받아야 할 보살핌조차 받지 못해서 어린 동생들과 함께 쓰레기통을 뒤져 먹을 것을 찾아야 했던 것이다.

✖ 자신만의 방식으로 꿈을 꾸는 아이들

아이러니하게도 스타의 꿈은 집을 갖는 것이다. 마당이 딸린 집도 좋고, 트레일러도 좋으니, 내 집에서 아이를 많이 낳고 싶다고 말하는 스타의 얼굴은 꿈이 된 것만 같은 표정이다. 어느 날 스타는 자신을 잡지 판매 모임에 들어오게 해준, 그리고 평소 좋아하고 있던 제이크에게 꿈이 뭐냐는 질문을 던진다. 그러자 제이크는 당황스러워하며 대답한다.

"그런 질문은 처음 받아봐."

사실 스타와 제이크의 꿈은 같다. 비록 지금은 떠돌아다니며 아무도 사려고 하지 않는 잡지를 파는 가난한 크루에 불과하지만, 그들은 똑같이 집을 갖고 싶어 한다. 하지만 제이크가 자본이라는 현실에 예속된 채 꿈을 꾸는 것에 반해, 스타는 자신만의 방식으로 꿈을 꾼다.

그날 밤 제이크는 스타에게 잡지를 팔기 위해 집을 방문할 때마다 몰래 훔친 돈과 금붙이를 보여준다. 이것들이 언젠가는 꿈을 사줄 수 있을 거라고, 숲에 집을 지어줄 수 있을 거라고 말하지만, 그것들은 마치 노예의 퇴직금과도 같다. 자존심을 기꺼이 돈과 맞바꾸며 잡지를 팔기 위해 매 순간 거짓말하는, 그래서 실은 꿈을 점점 잃어가고 있는 제이크와는 다르게. 스타는 현실과 있는 그대로 대면한다. 그런 그녀를 제이크는 '거친 아이'라고 이름 붙이며 길들이려 하지만 스타는 단호하게 말한다.

> "난 네가 필요 없어. 내가 할 수 있어!"

어쩌면 잡지를 팔아 돈을 모아 집을 갖는다는 것도 이루어지지 못할 환상 같기만 하다. 스타와 제이크, 이 둘이 꿈꾸는 집은 전혀 다른 곳인지도 모르겠다.

영화의 마지막, 한 치 앞도 안 보이는 어둠의 강변에서 열린 파티에서 제이크에게 선물 받은 새끼 거북이를 스타는 다시 강물로 돌려보낸다. 그리고 거북이가 집을 찾아 돌아간 것처럼, 스스로를 물세례하듯 강물 깊은 곳까지 들어간다.

그 순간, 그녀는 엄마가 지어준 의미의 이름인 죽음의 별 스타가 아닌 새롭게 부활하는 별이 된다. 왜냐하면 강물 주위로 반딧불이 별처럼 날아올랐기 때문이다. 눈물로 흐려진 나의 눈에는 분명히 들렸다. 여성을 폭력으로 길들이려는 가부장제 사회에서 억울하게 죽어간 수많은 여성들의 살려달라는 절규가.

그녀들이 어둠 속에서 반딧불처럼 반짝이며 살아나 외치고 있었다.

《아메리칸 허니》를 더 잘 읽기 위한 영화미학

'아메리칸 허니American honey'는 미국의 백인들에게 사랑받는 컨트리 송으로 미국 남부 출신의 순수하고 사랑스러운 여성을 이르는 말이다. 가출한 젊은이들이 다시 돌아갈 수 없는 집의 시간, 순수의 시간을 역설적으로 보여주는데, 스타는 제이크가 오래전 잃어버린 순수다. 또 청교도적인 가치로 세워졌지만 현재는 부패한 미국이 잃어버린 순수이기도 하다. 스타가 모임에 합류한 뒤 처음으로 간 곳이 동화『오즈의 마법사』에 나오는 도시 캔자스라는 것은, 그래서 의미심장하다. 속내보다 외양이 과장되게 부풀려진 마법사 오즈처럼, 미국이란 국가가 실체가 없는 환상이라는 것을 보여주는 것같다.

캔자스에 이어 네브래스카의 부유한 마을, 사우스다코타의 유전 지역, 미네소타의 빈민촌을 따라가며 빈부 격차가 심한 미국의 이면을 보여주는 이 로드무비는 쇠락한 청교도 가치의 껍데기만 붙들고 있는 이중적인 미국의 실상을 보여준다. 위선적인 기독교인 고객들과 반복적으로 보여주는 성조기 이미지, 디지털 시대에 아날로그의 잡지를 파는 젊은 크루들의 모습은 희망 없이 가라앉는 미국을 보여주는 훌륭한 상징이다.

4:3이라는 좁은 화면 비율은 그나마 좁은 승합차 내부를 더 비좁게 보여주며, 열 명 남짓한 젊은이들이 마치 소모적인 도구처럼 서랍 속에 채워진 느낌마저 불러일으킨다. 초상화portrait에 가장 적합한 프레임이기 때문에 4:3이라는 화면 비율을 선택했다는 감독의 말처럼, 카메라는 젊은이들의 얼굴을 한 명 한 명 직면하는데, 머무르지 않고 날마다 떠나지만 정작 삶의 많은 시간을 머무르며 보내야 하는 승합차는 비상구가 부재한 작은 세상 같다. 매 순간 불안하게 소진되는 그들의 일상처럼 흔들리는 핸드헬드 카메라의 시선 또한 그런 불안함을 역동적으로 담아내기에 충분하다.

영화에서 자주 출몰하는 동물의 이미지도 유의미하다. 주워 온 다람쥐, 훔친 개 등 길들여진 동물만을 좋아하는 젊은이들에 반해, 어두운 들판에서 야생의 곰과도 두려움 없이 만나는 스타는 집 안에 갇힌 벌레를 다시 밖으로 날려 보내주고 수영장에 빠진 벌레를 물 밖으로 끄집어 구해준다. 닫힌 세상에서 자유를 향해 비상하려는 스타의 간절한 소망이 전해지는 장면들이다.

06

여성의 예술을
죽이는 세상

까미유 끌로델

브루노 뒤몽 감독, 쥴리엣 비노쉬 주연, 2013

불특정 여성들만을 대상으로 물총을 쏘고 달아난 남자들이 있었다. 그들은 오토바이를 타고 돌아다니며 거리를 지나가는 여성들에게 캡사이신을 넣은 물총을 쏘고 날달걀을 던졌다. 스타킹을 신은 여성들에게만 가한 '먹물 테러'도 있었다. 여성들의 몸에 검은색 잉크를 뿌리고 도망갔는데, 놀랍게도 그들이 밝힌 범행 동기는 여성들이 놀라서 두려워하는 모습을 보고 싶은, 그저 '재미'였다.

여성을 대상으로 한 여성혐오 범죄 사건은 최근 들어 일어난 것이 아니다. 유럽이 농노제에서 자본주의 사회로 이행하던 과도기에는, 졸지에 땅을 잃고 공장에서 일하게 된 남성 노동자들이 여성을 집단 강간하는 일이 빈번했다. 경제적인 조건 때문에 결혼을 미루게 된 남자들이 사회적인 현실에 분노하자, 권력층인 자본가들은 혹시나 노동자들의 봉기가 일어날까 두려워 여성들에 대한 그들의 집단 강간을 묵인하는 것으로 남자 노동자들의 소요를 잠재우려 했다. 피해자가 하층민 여성의 경우에는 강간이 사실상 범죄가 아닌 것으로 사회 분위기를 만들어버린 것이다. 지금 우리 사회에서 벌어지는 여성혐오 범죄의 이면도 그 뿌리를 들여다보면 이와 별반 다르지 않다고 생각한다. 가부장제 사회의 특혜를 받고 자라온 여성혐오와 경제 불황이라는 불안이 섞여진 상태에서 남성들이 여성들에 대한 이유 없는 적의를 드러내고 있지 않은가.

✖ 가부장제의 희생양이 된 여성 예술

특히 가부장제 사회가 양육한 여성혐오자들은 자신들의 잘못을 오히려 여성에게 투사하는 방법을 애용해왔다. 직장 내 성희롱 피해자들을 '꽃뱀'으로 만들어 궁지로 모는 것이 바로 대표적인 실례일 것이다.

영화 〈까미유 끌로델〉에서 우리는 가부장제 사회의 희생자가 된 한 여성을 만난다. 현대 조각의 아버지라 불리는 로댕의 연인으로 더 잘 알려진 프랑스의 천재 조각가 까미유 끌로델. 그녀는 천부적인 재능을 지녔음에도 불구하고 로댕의 그늘에 가려진 채 정신병원에서 여생을 보내야 했다. 까미유 끌로델을 목욕시켜주면서 간호사들이 잔소리하는 첫 장면은 은둔을 강요당했던 여성 예술가의 비애를 상징적으로 보여준다.

"더러워서 씻어야 해요."

"항상 더럽잖아요, 그럼 씻어야지요."

"얼마나 더러운지 손 좀 보세요!"

기이하게도 내 눈에는 일인용 욕조가 관처럼 보였다. 그 둥근 물속에서 벌거벗은 채 누워 있는 까미유의 얼굴은 금방이라도 터질 듯한 울음을 참는 것 같았다. 그리고 간호사들의 말은 어린 시절 그녀가 숲에서 놀다가 집에 돌아갈 때면, 어머니에게 들었던 말과도 겹쳐졌다.

"넌 여자아이가 되어서 왜 손이 늘 흙투성이냐?"

"네가 얼마나 지저분한 지 좀 봐라!"

아무런 예술교육도 받지 않은 어린 소녀가 만들어냈다고는 믿기 힘들 만큼 정교한 흙 조각은 쳐다보지도 않고, 까미유의 엄마는 딸을 냉대했다. 그녀 바로 위의 오빠가 태어난 지 얼마 안 되어서 죽었다는 이유로, 그녀의 어머니는 까미유가 어렸을 때부터 다른 형제자매들과 다르게 차별하고 미워했다. 만약 까미유가 아들로 태어났다면 사정은 달라졌을 터.

나 역시 아들이 아니란 이유로 부모의 실망을 한몸에 받고 이 세상에 태어났다. 언니 위로 여러 명의 아들과 딸을 유산한 엄마는 내가 배 속에 있을 때 힘찬 태동이 느껴져서 당연히 아들이라고 생각했다고 했다. 태몽에 나온 호랑이도 일조를 했는데, 호랑이 태몽은 분명 아들 낳는 꿈이라는 속설을 어렸을 때부터 귀에 인이 박히도록 듣고 자랐다.

다행히 까미유처럼 미움을 받고 자라지는 않았지만, 딸이라는 이유로 태어날 때 환대받지 못한 출생의 이력을 지녀서일까, 존재에 대한 질문을 나 스스로에게 끊임없이 해왔던 것 같다. 어쩌면 그것은 세상에 첫 발을 내딛을 때부터 무의식적인 여성혐오를 스스로 덧입고 나올 수밖에 없는 배경이 되었던 것은 아니었을까?

✖ 여성혐오 문화가 만든 왜곡된 시선

가부장제 사회에서 여성의 지위는 대를 이을 아들에 의해 결정이 된다. 일본의 사회학자 우에노 지즈코上野 千鶴子는 어머니의 딸에 대한 기대가 아들과는 달리 양의성을 갖고 있다고 분석했다. 즉 어머니는 딸에게 "아들로서 성공하라"와 "딸(여자)로서 성공하라"는 두 가지 메시지를 딸에게 보낸다는 것이다. 두 메시지 모두 여성의 지위가 대를 이을 아들에 의해 결정되는 가부장제 사회에서 "엄마처럼 되지 말아달라"는 자기희생의 메시지면서도, 또 "나를 이렇게 힘들게 만든 것은 바로 너"라는, 딸을 향한 질책의 메시지도 함의하고 있다고 분석한다.

그렇다면 이러한 메시지를 받은 딸들은 어떻게 자라날까? 하나도 버거운데, 어머니가 무의식적으로 압박하며 송달하는 메시지가

두 개나 되니, 목표에 도달하기도 전에 자책감을 가질 수밖에 없을 것이다. 남성 중심적이며 여성혐오 문화가 팽배한 가부장제 사회에서 여성들은 태어날 때부터 스스로 자기혐오를 할 수밖에 없는 여성혐오의 딜레마에 봉착할 수밖에 없는 것이다. 그런데 남성의 여성혐오와는 달리, 여성들의 여성혐오는 바로 자기 자신에 대한 혐오가 아닌가? 페미니스트가 된다는 것은 그래서 여성혐오와의 갈등을 의미한다고, 우에노 지즈코가 주장하는 것은 당연하다.

목욕을 마치고 일어서는 까미유에게 간호사가 입혀준, 그 어떤 얼룩도 묻지 않은 새하얀 옷이 가부장제 사회가 수혜해준 또 다른 여성혐오로 보였던 것도 무리는 아니다. 여성 조각가가 전무했던 시절, 어린 시절부터 어른이 되기까지 '조각가는 여성과는 어울리지 않는 일'이라는 말을 귀에 못 박히게 들었던 까미유 끌로델은 여성이기에 변변한 예술교육도 제대로 받지 못했지만, 놀랍게도 천재적인 능력을 보여주었다. 그런데, 이번에 세상은 그녀에게 또 다른 돌을 던진다.

그녀의 작품을 작품 자체로 평가하지 않고, 로댕의 연인 까미유의 작품으로만 바라보고 로댕이 조각 작업을 할 때 분명히 도와주었을 거라는 헛소문을 퍼뜨린다. 실제로는 오히려 그녀가 로댕에게 수많은 영감을 주었고, 로댕이 까미유 끌로델의 작품을 모방했음에도 불구하고 말이다.

요즘에도 이런 일은 얼마나 비일비재한가? 여성의 성공을 능력 자체로 바라보지 않고, 성공한 여성 이면에 남성의 도움이 있을지도 모른다고 추측하는 왜곡된 시선들 말이다.

영화에서 까미유가 자신이 먹는 음식에 누군가 독약을 탔을 거라는 피해의식에 시달리는 모습이 아프지만 이해가 한편으로 됐던 것은, 가부장제 사회에서 삶을 착취당한 여성이 더 이상 피해자가 되지 않기 위한 필사적인 자기보호처럼 다가왔기 때문이다. 그녀가 정신병원 원장과 상담하다가 토해내는 말들도 가부장제 사회를 향한 비명처럼 들렸다.

"도대체 내가 뭘 잘못했기에 여기에 가두어둔 거죠?
혼자 살아서? 고양이랑 살아서?"

"저들이 보기에 난 자기들의 죄가 낳은 눈엣가시 같은 귀신이겠죠.
평생 가둬놓아야 안심이 되는!"

작업실에서 강제로 끌려 나와 정신병원에 수감된 뒤 한 통의 편지도 허락되지 않았던 그녀에게 남동생 폴이 찾아왔을 때 하소연하는 까미유의 말들 역시 그러하다. 로댕이란 남성 권력이 한 행동이 여성에 대한 착취에 다름 아니었다고, 까미유 끌로델은 동생 폴에게 절규하며 외친다. 그것만으로 이 장면은 충분히 눈부셨다. 가부장제 사회가 평생 동안 자신을 괴롭혔던 억압과 착취야말로 잘못된 것이라고 소리치는 것만으로. 그리고 그녀의 외침은 세대를 거슬러 깊은 울림을 전해준다. 여전히 여성혐오의 관 속에 갇힌 채 죽지 않기 위해 하루하루 힘겹게 삶을 선택하는 지금 우리 사회의 여성들에게.

영화의 마지막에 병원 마당 의자에 앉은 까미유는 쏟아지는 햇

살을 음미하며 고개를 숙인다. 그늘을 향해 어눌하게 미소 짓는 그
녀의 얼굴에는 빛과 그림자가 모두 있었다. 그것은 상처를 내려놓고
무심한 돌이 된 것만 같은, 자신의 상처를 대면한 사람의 얼굴에서나
발견할 수 있는 그런 미소였다.

〈까미유 끌로델〉을 더 잘 읽기 위한 영화미학

영화는 까미유 끌로델이 작업실에서 끌려 나와 정신병원에 강제로 수감되어 보냈던 시절을, 삼일이란 시간 안에서 담아내고 있다. 자신을 보러 병원으로 오고 있는 남동생 폴을 기다리며 병원을 나갈 수 있으리란 희망에 부풀어올랐다가도, 금세 감옥에 갇혀 있는 듯한 자신의 신세를 비관하며 요동치는 감정 기복은 내내 영화를 이끌어 가는 동인이다. 영화는 그녀 내면의 감정적인 파고를 압축된 밀도로 전해주고 있다.

특히 손은 중요한 이미지다. 간호사와 함께 밖에서 산책하던 여성 환자가 "방에 들어가자"는 간호사의 말에 "싫다"고 절규를 하는데, 그 모습을 옆에서 지켜보는 까미유의 눈이 머문 것은 바로 그녀의 자유롭지 못한 손이다. 양손에 수갑을 찬 채 절규하는 한 여성 환자의 모습은 병원에서 조각 작업을 할 수 없었던 까미유의 고통스러운 내면을 그대로 반영하고 있다. 까미유가 산책하면서 손으로 흙을 만지는 장면 또한, 작품을 만들고 싶은 갈망을 보여주는 장면이다.

여성 환자들과 여성 간호사들이 산으로 산책을 가는 장면은, 하나의 거대한 상징처럼 다가온다. 상복처럼 검은 옷을 입은 그녀들이 오르는 하얀 암석산의 빛은 마치 어둠에서 빛을 찾아가는 거대한 여정처럼 보인다. 이 장면에서도 손은 중요한 이미지로 등장한다. 산책이 내키지 않았던 까미유에게 한 여성 환자가 "손 잡고 갈래요?" 제안을 하고 함께 손을 잡고 걸어가는 장면이 그렇다. 그것은 가부장제 사회에서 상처받은 여성들의 연대처럼도 보였다.

여자라는 이유로 예술학교 입학을 거부당한 까미유 끌로델은 그녀의 천부적인 재능을 알아본 로댕의 조수로 열아홉 살 때 일을 하게 된다. 20년의 나이 차가 났지만 정신적인 교감으로 로댕과 사랑에 빠진 까미유는 로댕이 옛 연인 로즈에게 돌아가자 깊은 충격을 받는다.

이후 작품 〈샤쿤탈라〉로 '프랑스 예술가 살롱전'에서 최고상을 수상하는 등 조각가로서 인정을 받았지만 여성이라는 사회적 편견과 제약, 로댕의 훼방으로 곤궁한 생활을 하며 작업실에 은둔할 수밖에 없었다. 가족들에 의해 파리 근교 정신병원에 수감된 그녀는 1차 세계대전 후 아비뇽 근처 정신병원에 갇혀 30여 년 동안 고독한 나날을 보내다 생을 마감한다. 안정이 되어 병원을 나가도 좋다는 병원장의 허락이 있었지만, 까미유 끌로델의 어머니는 그녀가 죽을 때까지 병원에 방치했다.

고등학교 때 친구가 SNS에서 탈코르셋 인증 사진을 올리는데요. 탈코르셋 안 하고 화장하는 친구들을 가끔 비판적으로 이야기하더군요. 친구가 말하는 탈코르셋의 취지는 이해하지만, 화장하는 게 잘못된 것은 아니잖아요? 친구의 시각이 불편하기만 하네요.

네, 불편한 마음 충분히 이해가 됩니다. '탈코르셋 지지'가 탈코르셋 하지 않는 사람들을 비판하는 것이 아닌데, 마치 탈코르셋 하지 않는 여성들을 비난하는 것처럼 받아들이는 사람들이 있습니다. 하지만 화장하는 것은 전혀 잘못된 것이 아닙니다. 비판의 대상도 물론 아니고요. '화장하는 남자'라는 트렌드까지 생겨났을 만큼 요즘 화장은 여성들만의 전유물에서 그 경계선을 넓혀가는 추세니까요.

그러나 〈내 아이디는 강남 미인〉이란 제목의 드라마가 나왔을 만큼, '외모 지상주의'가 전방위적으로 판을 치는 우리 사회에서 '탈코르셋'은 그 자체만으로 의미가 있다고 봅니다. 우선, '탈코르셋'이 정확히 무엇인지 살펴볼 필요가 있을 텐데요.

탈코르셋은 화장, 다이어트 등 여성에게만 강요되는 규격화된 미적 기준을 벗어나자는 취지로 시작된 페미니즘 운동입니다. 주로 20~30대 여성들을 중심으로 펼쳐지고 있는데요. 자신이 사용하는 화장품을 망가뜨린 사진을 SNS에 올리거나, 화장을 하지 않게 되면서 늘어난 시간을 효율적으로 활용하며 탈코르셋을 인증하는 추세지요.

코르셋 하니까, 오래전에 본 영화 〈바람과 함께 사라지다〉의 주인공 스칼렛이 떠오르네요. 스칼렛의 허리가 개미허리가 될 때까지 하녀가 뒤에서 코르셋을 세게 조여주었던 장면을, 혹시 아실는지요? 미국 남부 상류사회에 사는 여성이 의당 입어야 할, 조금은 번거롭지만 치러야 할 의례 같은 장면으로 기억나는데요.

과거 코르셋으로 몸을 옥죄던 여성들은 극심한 고통에 시달렸다고 합니다. 허리를 무리하게 조인 덕분에, 뼈가 부러지거나 탈장이 되어 고통을 받은 여성들도 있었을 정도라니까요. 알고 보니 코르셋은 고대부터 존재해왔던 기능성 의상이더군요. BC 2000년경 청동기시대 크레타인들이 최초로 코르셋을 입은 것으로 전해지는데요, 크레타 여성들은 허리를 조이고 가슴을 강조하기 위해 코르셋을 겉옷으로 착용했습니다. 놀라운 사실은, 이 당시 남자들도 코르셋을 입었다는 것입니다. 그러니까 코르셋, 정확히 말해 코르셋이 함의하는 문화는 일찍이 성별을 초월해 존재해왔다는 것입니다.

그런데 그 오래전엔 여성과 남녀 공히 같이 입었던 코르셋이 왜 시간이 흐르면서 여성만의 문화로 정착된 걸까요?

영화 〈코르셋〉에는 유능한 디자이너임에도 불구하고 뚱뚱하고 못생겨서 직장 동료들에게 놀림을 당하는 여성이 등장합니다. 그녀는 주위의 조롱에 움츠린 채 살아가는데요. 주인공 공선주의 상황은, 여성을 전인적全人的으로 대하지 않고 성적 대상으로만 바라보는 가부장제 사회를 희비극적으로 풍자하고 있습니다.

어느 날 회사에서 제일 잘생긴 남자로 손꼽히는 강 과장에게 데이트 신청을 받으며 한껏 설레었지만, 결국 공선주는 배신당하고 바닥까지 내몰린 채 절망합니다. 여성을 외모로만 평가하는 가부장제 사회에서 뼈를 깎는 다이어트를 하며 어떻게든 살아남으려고 코르셋을 조였지만, 돌아온 건 그녀의 외모를 비난하는 목소리였던 것이지요. 인상적이었던 것은 그녀의 꿈이었습니다. 벌거벗은 어린아이가 되어 길을 잃어버린 채 울다가 엄마가 부르는 소리에 달려가지만, 그곳은 사방이 거울로 둘러싸인 방. 꿈에서 어느새 어른이 되어버린 그녀에게 엄마의 목소리가 들립니다.

"선주야! 네 몸을 들여다봐. 그게 바로 너야. 네가 너 자신을 진심으로 사랑한다면 이 세상 그 어느 것도 너를 망가뜨리지 못해."

영화 〈코르셋〉은 가부장제 사회가 입힌 코르셋을 벗고, 자신을 있는 그대로 받아들이게 된, 그래서 스스로와의 화해를 꿈꾸는 여성의 이야기로 읽힙니다. 공선주라는 여성 캐릭터의 직업이 '속옷' 디자이너라는 점도 의미심장하게 다가오는데요. 앞으로 그녀가 자신의 삶을 주체적으로 디자인하리라는 걸, 기분 좋은 예감으로 받아들일 수 있었습니다.

영화 〈헬터 스켈터〉에는 극한으로 치닫는 외모 지상주의 속에서 고통 받는 여성 캐릭터가 나옵니다. 스타 모델 리리코는 불법 성형수술의 후유증으로 온몸이 썩어 들어가지만 아무에게도 말을 할 수 없었습니다. 왜냐하면 그녀에게는 전신 성형수술을 받아온몸을 뜯어고친 치명적인 비밀이 있기 때문이었죠.

미모를 잃어버리면 사람들의 관심이 사라질 것을 두려워한 나머지 부작용에도 불구하고 위험한 재수술을 시도하고, 엎친 데 덮친 격으로 신인 모델 고즈에가 등장하면서 그녀는 몰락의 길로 들어서게 됩니다. 마지막 기자회견에서 유일하게 성형수술하지 않은 자신의 눈알을 찌르며 스스로를 자학하는 리리코는 대중에게 결코 잊히고 싶지 않은 집착을 처절하도록 보여주는데요.

이렇듯 코르셋은 욕망입니다. 예쁘게 보이고 싶은 욕망이 또 다른 욕망을 계속 생산해내는 갑옷인 것이지요. 영화 〈레이디 맥베스〉에서 욕망의 억압을 받으면 받을수록 역설적으로 욕망을 키워갔던, 종국에는 욕망 자체가 되어버린 주인공 캐서린처럼요. 가부장제 사회에서 욕망을 억압당한 캐서린은 둑이 무너지듯 욕망의 한계선을 넘어서면서, 자신의 욕망을 위해서라면 살인도 서슴지 않는 괴물이 되어갑니다. 며느리를 아이 낳는 물건처럼 취급하는 시아버지, 부친의 가치관에 합세하여 벌거벗은 아내를 뒤돌려 세운 채 수음을 하며 바람을 피우는 변태 남편을 저주하지만, 그녀는 점점 그들을 닮아가지요.

철학자 니체가 『선악의 저편』에서 경고한 말이 떠오르더군요.

"괴물과 싸우는 사람은 그 싸움 속에서 스스로 괴물이 되지 않도록 조심해야 한다. 우리가 그 심연을 오랫동안 들여다본다면, 심연 또한 우리를 들여다보게 될 것이다."

그녀 안에 '통제 불능의 욕망'이라는 괴물이 태어나기까지, 그 괴물의 출발지가 가부장제 사회라는 점은 의미하는 바가 큰데요,

여성의 몸에 대하여 족쇄를 씌웠던 가부장제 사회의 구조는 그 자체로 '악'이라고 말할 수밖에 없으니까요. 더구나 그 억압은 이중적인 모순의 역사를 갖고 있습니다.

'성적 대상으로서의 몸'과 '임신과 출산을 하는 재생산으로서의 몸'. 그러니까 공선주와 리리코에게는 성적 대상으로서의 몸이 추구되었던 반면에, 레이디 멕베스의 캐서린에게는 재생산으로서의 몸이 요구되었던 것입니다. 그러니 만약 공선주가 조선시대에 태어났다면 아이를 잘 낳는 여성의 귀감이 되었을지도 모를 일이죠. 당시 옛 기록을 보면 아들 잘 낳을 며느리 상으로, 골격이 풍만하고 건강한 여성이 선호되었으니까요. 그에 반해 가는 허리와 옥같이 흰 살결, 앵두 빛 입술을 지닌 여성은 이상적인 성적 대상의 몸으로 인식되었으니 말입니다.

여성의 몸은 분명 여성에게 속해 있건만, 남성들의 욕망과 목적에 따라 오랜 세월 동안 조각조각 난도질당해온 것이지요. BC 2000년경 남성 역시 코르셋을 입었지만, 여성의 코르셋만 사라지지 않고 남아, 아니 점점 거대해져서 여성들을 죽음에 이르기까지 옥죄었던 이유입니다. 코르셋이 여성에게 '생존의 도구'였다는 점도 놓치지 말아야 할 사실입니다. 성적 대상으로서의 몸과 임신과 출산을 하는 재생산으로서의 몸으로만 가치를 세상에서 인정받았던 여성들에게 '코르셋'을 통해 날씬해지고 예뻐지는 것은 처절한 생존전략이었으니까요.

코르셋을 벗어던짐으로써 살아남으려 했던 여성도 있습니다. 영화 〈앨버트 놉스〉의 주인공 앨버트 놉스는 요즘으로 치면 5성급

호텔 모리슨에서 일하는 웨이터인데요, 아무도 모르게 남장을 한 것은 생계 때문이었죠. 성차별이 공공연한 19세기 아일랜드에서 웨이터라는 직업으로 살아남기 위해서는 남자로 위장하고 살아갈 수밖에 없었기 때문입니다.

하지만 사람들이 눈치채지 못하게 압박붕대로 가슴을 동여맨 그녀가 과연 자유로웠을까요? 하얀 압박붕대는 마치 코르셋처럼 보였습니다. 심장이 뛰는 대로 자유롭게 살지 못하게 하는, 또 다른 코르셋! 오래전 거리에서 남자들로부터 성폭행을 당했을 때 몸이 산산 조각나버린 것 같았다고 고백하는 장면에서, 그녀가 평생을 남자 옷 속에 숨어서 살게 된 이유를 이해할 수 있었지요.

1968년 여성들이 브래지어와 인조 속눈썹 등을 쓰레기통에 버리는 페미니즘 운동이 미국에서 펼쳐졌을 때 당시 시위를 주도했던 여성들은 미친 '래디컬 페미니스트'들이라며 비난을 받았습니다. 탈코르셋 운동의 원조 격인 이 시위는 여성에게만 강요되는 미적인 장치들을 거부하는 일종의 퍼포먼스 시위였는데요. 그녀들이 (가부장제 사회 구조가 그대로 유지되길 바라는) 사람들로부터 반감과 조롱을 받았던 것은, 가부장제 사회의 구조를 허물려고 했기 때문이었습니다. 왜냐하면 탈코르셋은 이제껏 길들여진 생각에서 탈출하는 것이니까요. 단지 화장을 하지 않고 짧은 머리를 하는 것만이 아니라, 여성에 대한 사회적인 편견을 벗어나려는, 엄연한 혁명이니까요.

반대로 남성에 대한 사회적 시선도 변화되어야 된다고 봅니다. 대학의 탈코르셋 체험 부스에 온 한 남학생이 주부가 되고 싶은 자신을 이상하게 바라보는 '시선의 코르셋'에서 벗어나고 싶다고 말하는 걸 TV에서 본 적이 있는데요. 남성 역시, '남자는 ~해야 한다'는 코르셋에 둘러싸인 현실이 씁쓸했습니다.

진정한 탈코르셋은 '꾸밀 자유' 또한 존중해주는 것에서도, 온전한 힘을 발휘할 수 있다고 생각합니다. 우리를 에워싼 모든 고정된 시각에서 벗어나는 '의식의 전환'이 탈 코르셋일 테니까요.

영화 〈데니쉬 걸〉의 주인공 에이나르 베게너는 꾸미는 걸 좋아하는 남자입니다. 1920년대 덴마크에 살던 풍경화가 에이나르는 초상화가였던 아내 게르다의 부탁으로 여성 옷을 입고 대역 모델이 되면서부터, 자신 안에 있는 '여성'을 발견하게 되는데요, 그때부터 그는 남성의 옷을 거부하고 여성의 옷을 입습니다. '릴레 엘베'라는 이름의 여성으로 살면서, 목숨을 담보로 한 성전환 수술까지 받게 되지요. 수술의 후유증으로 죽지만, '나는 온전한 나 자신'이라고 고백하며, 짧았지만 여성으로 살았던 시간을 결코 후회하지 않습니다.

에이나르가 성전환 수술을 받은 트렌스젠더라는 점보다, 그가 자신을 꾸미게 되면서, 있는 그대로의 자신을 사랑하게 된 것이 영화 보는 내내 감동으로 와닿더군요. 드래그 퀸을 '또 다른 코르셋'으로 보는 경직된 시선을 우리가 경계해야 하는 이유일 텐데요.

성 소수자들을 위한 퀴어 퍼레이드에서 여성의 옷을 입은 남성 동성애자들의 드래그 퀸 공연은 자주 행사의 일부로 열리곤 합니다. 지난해 5월엔 드랙 퍼레이드가 한국에서 처음으로 열리기도

했지요. 하지만 여성성을 희화화하며 과장한다는 이유로 드래그를 여성혐오적인 문화라고 비판하는 시각도 생겨났는데요.

아직까지는 남성 동성애자들이 여성으로 분장하는 '드래그 퀸'이 주류를 이루고 있지만, 반대로 여성이 남성으로 분하는 '드래그 킹'도 있는 걸 생각해보고 싶습니다. 단지 성소수자들이 정체성을 확인하며 스스로 자신감을 독려하는 의미뿐만 아니라, 여성과 남성으로만 성별을 이분화하고, 그 구조에서 벗어나는 사람들을 비정상으로 단죄하는 세상에 대한 일종의 저항의 표시가 바로 '드래그'이기도 하니까요.

그것은 고정된 사회적인 시선으로부터 벗어나려는 탈 코르셋과 그 맥을 같이합니다. 반가운 소식은, 영화에서도 코르셋을 벗어나려는 움직임이 활발해지고 있다는 겁니다. 그중에서도 '여성 히어로물'은 여성 캐릭터의 고정된 코르셋을 과감하게 벗어던진 영화라고 말할 수 있겠는데요. 남성들만의 오랜 전유물이었던 히어로물에서 이제 여성들도 주역으로 나서고 있습니다.

특히 영화 〈원더우먼〉은 여성 감독에 의해 새롭게 다시 쓰인 원더우먼이라는 점에서 기획 단계에서부터 주목을 받았는데요. 전사로서 훈련을 받던 아마존 데미스키라 왕국의 공주 다이애나가 신들이 자신에게 준 능력으로 세상을 구하는 것이 자신의 소명임을 깨닫고 섬을 나와 1차 세계대전의 아비규환 속으로 뛰어든다는 설정부터가 흥미로웠습니다. 그것은 이전의 남성 히어로 영화에선 흔치 않았던 아주 강력한 사명의 발견이었기 때문인데요. 남자들이 권력을 쥔 가부장제 사회의 폭력이 압축적으로 극대화된 전쟁에서 인간들 안에 내재한 악에 절망하는 다이애나는 그 존재 자체로 의미 있고 신선했지요.

그럼에도 불구하고 여성 히어로들이 나왔던 영화에서조차 가부장제 사회의 비틀린 시선은 여전히 잔존해 있습니다. 영화 〈캣우먼〉에서 주인공 캣우먼이 몸의 선이 드러나도록 몸에 짝 달라붙은 가죽 의상을 입고 싸우는 장면을 보며 옷의 효용성을 생각하게 되는 것은, 영화 〈슈퍼맨〉에서 슈퍼맨 역시 몸에 달라붙은 쫄바지를 입고 싸우지만, 쫄바지가 가죽보다는 움직이기 훨씬 편하다는 사실이겠죠.

몸매가 훤히 드러나고 가슴이 깊이 파인 의상을 입고 싸우는 여성 히어로를 보면서, 그것이 뻔뻔하도록 의도적인 성적 대상화임을 충분히 느낄 수 있다는 것입니다. 이는 게임에서 심한 노출 의상을 입고 등장하는 무수한 '여성 게임 캐릭터'들에게도 해당되는 이야기입니다. 그런 게임에 열중하는 남자 청소년들을 볼 때마다 우려스러운 것은, 어렸을 때부터 성적 대상화된 여성 캐릭터를 보면서 왜곡된 젠더 의식을 가질 가능성이 큰 점일 텐데요.

하지만 영화 속 여성 히어로들의 의상이 조금씩 현실적으로 변화하는 추세에 그나마 희망을 가져보려 합니다. 싸울 때 불편하지 않게 옷을 갖춰 입은 여성 히어로 캐릭터는 외모보다는 히어로의 능력에 어울리는 캐릭터로 변화하고 있지요.

그런 점에서 얼마 전에 나온 영화 〈캡틴 마블〉의 주인공 캐럴은 가장 노출이 적은 여성 히어로란 평가를 받으며 새로운 여성 히어로 캐릭터로 등극했는데요. 사고로 지구에서 살았던 기억을 모두 잃어버린 그녀는 공군 파일럿의 삶에서 갑자기 '비어스'란 이름의 크리족 전사로 살아가다가, 지구에 불시착하면서 기억을 다시 찾아가게 됩니다. 쉴드 요원 닉 퓨리와 힘을 합쳐 은하계에서 전쟁을 끝내기 위한 싸움을 멋지게 해내는데요.

영화에서 캐럴이 1990년대 지구에서 겪었던 성차별의 기억과 크리족 전사로서의 삶은 분열적으로 대비되어 나타납니다. 자주 악몽을 꾸는 캐럴에게 그녀를 훈련시킨 스타포스 사령관은 기억은 의심을 낳는다고 잊어버리라고 하지요. 그리고 캐럴이 감정적이어서 자신의 엄청난 힘을 통제할 줄 모른다며 훈계를 빙자한 맨스플레인을 시도 때도 해냅니다.

하지만 지구에서의 시간을 다시 온전히 기억하게 된 캐럴은 강하고 완벽한 크리족 전사 비어스에 비하면 연약하기 이를 데 없는, 온갖 차별과 혐오를 받았던 지구 여성 캐럴을 '나'로 받아들이면서 진정한 전사로 다시 태어날 수 있었습니다. "내 이름은 캐럴이야"라고 말하며 잃어버리고 살았던 자신의 정체성을 만난 그녀는 강한 전사로 살았을 때조차 통제당한 채 싸워왔던 사실을 깨달은 겁니다. 그녀를 여성이라고 차별하지 않고 전사로 키워준 크리족 역시 거대한 가부장제의 권력에 불과하다는 걸 성찰하게 된 것이지요.

이제까지 영웅인 남자 주인공에게 도움을 받거나 조력자로 옆에서 도와주는 역할만을 주로 여성이 했던 것에 비해, 여성이 주인공인 히어로 영화가 하나둘 생겨나고 있는 것은 분명, 긍정적인 신호입니다.

배우 엠마 왓슨이 영화 〈미녀와 야수〉 촬영 당시 코르셋 착용을 거부해서 화제가 된 것도 생각나네요. 자신이 맡은 역할 주인공 벨을 코르셋에 갇힌 여성 캐릭터가 아닌, 주체적인 캐릭터로 강조하고 싶은 것이 이유였는데, 평소 자신을 페미니스트로 소개하며 여성 인권에 관한 발언도 적극적으로 하는 여자 배우라는 점에서, 그녀의 탈 코르셋은 깊은 공명을 주었습니다.

이런 일련의 일들은 '새로운 신화를 쓰는 것'과도 비슷해 보입니다. 현존하는 사회나 제도에 그 근거를 부여하는 이야기가 신화인 것처럼, 여성에게 강요됐던, 여성을 자유롭지 못하게 만드는 수많은 코르셋을 이제 우리가 다른 관점에서 새롭게 바라보아야 할 이유인 것입니다.

영화 〈이상한 나라의 앨리스〉에서 앨리스가 코르셋을 입지 않는다고 비난을 받자, "생선을 머리에 꽂고 다니는 유행이 돈다면 머리에 생선을 꽂을 거냐"며, "코르셋이 생선과 같다"고 말하는 것도 '다르게 바라보는 방법' 중 하나가 아닐까요? 실제로 과거 코르셋은 고래 뼈로 만들었다고 하는데요. 고래의 살점이 부재한 코르셋의 살대는 억만년 전 죽은 고래의 화석처럼 느껴지기도 합니다. 살아 있었을 때 바다를 자유롭게 누볐을 고래는 온 데 간 데 없는, 해골처럼 남은 코르셋이야말로 여성들을 억압하는 가부장제 문화를 상징적으로 보여주는 것만 같습니다.

열아홉 살의 여성으로 성장한 앨리스는 우연히 또다시 들어간 이상한 나라에서 괴물과 싸워 승리한 뒤 자신이 정말 원하는 것이 무엇인지 알게 됩니다. 이상한 나라에서 다시 현실로 돌아와 많은 사람들 앞에서 결혼을 하지 않겠다고 선언하는 장면은 참으로 통쾌 발랄했지요.

가부장제 사회에서 강요하는 여성의 삶. 때가 차면 시집을 가고 아이를 낳고 남편의 조력자가 되어야 하는 의무가 자신이 원하는 꿈이 아님을, 이상한 나라에서 한바탕 모험을 치른 뒤 깨닫게 된 것입니다. 그것은 가부장제 사회에서 여성이 자신이 정말 원하는 걸 발견하기 위해선, '자기 자신'이 되기 위해선, 코르셋이라는 억압이 키운 오래된 두려움을 뚫고 나와야 한다는 걸 보여주는 것 같았는데요. 그것은 오랫동안 굳게 닫혀 있는 문을 여는 것과 닮아 보였습니다.

영화 〈설국열차〉에서 문은 꽁꽁 닫혀 있었지요. 기상 이변으로 얼어붙은 지구에서 살아남은 사람들을 태운 채 멈추지 않고 달리는 열차의 문은 본래 기능을 잃어버린 채 오랜 세월을 지내야 했습니다. 마치 오래된 장식품처럼 닫혀 있는 문은 벽처럼 잘 보이지도 않았지요.

영화의 마지막에, 밖으로 통하는 문을 연 사람은 열차 앞 칸에 탑승했던 힘센 부자가 아닌, 꼬리 칸에 살던 그 어떤 기득권도 지니지 않은 여성 요나였습니다. 어쩌면 세상의 모든 혁명은 세상의 모든 요나들에 의해 이루어지는 것이 아닐까요? 세상으로부터 비현실적이라고 비웃음을 받아도 먼 곳을 바라보며 꿈을 꾸는 요나와 같은 사람들에 의해서요.

탈코르셋 운동 역시 그러합니다. 요나가 굳게 닫힌 설국열차의 문을 열었던 것처럼, 낡은 것들을 버리고 새로운 프레임을 만드는 여정이 탈코르셋이기 때문이죠.

열차를 멈추고 문을 열고 나가 처음으로 땅에 발을 내디뎠을 때의 요나의 표정을 잊을 수 없습니다. 열차에서 태어나 열차에서 자란 그녀가 첫발을 디딘 땅은 얼음이 채 녹지 않은 설국입니다. 여전히 상황은 최악이고, 여전히 절망은 견고하지만, 꿈을 꾸듯 그녀를 바라보는 북극곰이 요나에게 이렇게 말하는 것 같았지요.

"기차를 멈추고 밖에 나와도 얼어 죽지 않아. 그래도 털옷에 부츠를 신었잖아. 그래, 프레임 밖을 나가도 죽지 않아."

살아서 숨을 쉬는 한 영원히 사라지지 않을 깊고 어두운 희망! 계속 걸어가라고, 굳게 닫힌 문을 열라고, 벽 앞에서 문을 만들라고, 요나가 우리에게 끝없이 말을 합니다.

07

입을 열어
두려움을 말하라

내일을 위한 시간

Deux jours, une nuit

장 피에르 다르덴·뤽 다르덴 감독, 마리옹 꼬띠아르 주연, 2014

'삶의 의미를 찾는 인간의 의지'에 초점을 맞춘 로고 테라피Logo therapy를 창안한 정신의학자 빅터 프랭클Viktor Frankl은 사람이 결코 빼앗겨서는 안 되는 마지막 자유에 대해 의미심장한 말을 했다. 그것은 바로 어떠한 상황에서도 자신의 태도를 선택할 수 있는 자유라고, 자신만의 길을 선택할 수 있는 자유라고.

영화 〈내일을 위한 시간〉을 보며 나는 내내 이 '선택할 수 있는 자유'를 떠올렸다. 주인공 산드라는 우울증 치료로 한동안 직장을 쉬었고 조만간 복직을 앞두고 있던 차였다. 하지만 금요일 오후 걸려온 한 통의 전화는 평온했던 일상을 벼랑 끝으로 몰아넣는다. 직장 동료들이 투표를 통해, 자신을 복직시키는 대신에 보너스를 받기로 했다는 소식을 듣게 된 것이다.

투표가 공정하지 않았다는 제보로 월요일 아침 재투표가 결정되고, 주말 동안 열여섯 명의 동료들의 집을 일일이 찾아가 보너스를 포기해달라고, 자신의 복직을 위해 투표해달라고 설득에 나선 산드라. 그녀에게 일은 가족의 생계가 걸린 생존에 관한 문제였기에 절박할 수밖에 없다.

그러나 그 과정이 쉽지 않다. 보너스를 포기하고 산드라의 복직에 한 표를 던지려는 동료들도 있지만, 이혼하고 남자친구와 새 출발을 해야 하기 때문에 보너스가 꼭 필요한 동료, 일 년 치 가스비와 전기세를 충당할 수 있는 보너스를 놓칠 수 없다는 동료 등 사람들의 사정은 대부분 절박하다. 그뿐인가. 가장 친하다고 생각했던 동료는 집에 없는 척하며 산드라를 피한다.

과반 수 이상의 표를 얻어야 복직이 결정되기 때문에, 산드라가 동료들을 찾아갈 때마다 영화는 곤두서지는 긴장감을 자아낸다. 동료들을 설득하는 그녀의 말은 매번 똑같지만, 상황은 매번 다르게 펼쳐질 가능성을 품고 있기 때문이다.

동료들이 "보너스가 필요하다"고 말할 때마다 신경안정제를 가방에서 꺼내 허겁지겁 먹거나 울음을 터뜨리는 산드라는 감정의 롤러코스터를 탑승한 것처럼 보인다. 처음부터 그녀가 동료들을 설득하는 여정에 흔쾌히 들어선 것은 아니다. 잦은 감정 기복은 그녀를 더욱 불안하게 흔들어대는 주범이다. 보너스를 포기하겠다고, 그녀에게 걱정하지 말라고 했던 동료들의 말이 얼핏 희망을 보여주는 것 같다가도, 산드라의 내면을 몇 배는 더 깊이 잠식해버리는 것은 늘 '한마디의 거절'인 것이다. 그것도 아주 힘센 소리가 되어 그녀의 마음속에서 메아리치기 일쑤다.

"그들이 옳아.
난 존재하지 않는 거야. 아무것도 아냐."

　울먹이며 그녀가 토해내는 말은, 그래서 그 메아리의 소리다. 우
울증을 앓았던 그녀가 잔여물처럼 붙들고 있었던 자괴와 수치의 감
정이다. 과연 그녀가 끝까지 동료들을 찾아가 설득의 여정을 완주할
수 있었던 힘은 어디서 나온 것일까?

　남편과 가까운 동료의 응원이 있었지만, 열여섯 명의 동료들을
산드라가 일일이 찾아가 보너스를 포기하고 자신의 복직을 위해 투
표를 해달라고 말했던 그 과정 자체가, 그녀에게 근원적인 힘을 준 것
은 아니었을까? "나는 계속 일하고 싶다"는 간절한 소망을 말하기 시
작했을 때, 그 말을 반복해서 말하기 시작했을 때, 그것은 만트라로
점점 자라나 그녀를 계속 나아갈 수 있게 한 힘이 되었다.

　빅터 프랭클에 의하면 "자극과 반응 사이에는 공간이 있는데, 그
공간에서 우리가 어떤 선택을 하는지에 따라 우리 삶의 질이 결정된
다"고 한다. 동료들을 설득할 때마다 거절을 당할 때마다 그녀는 구
걸하는 거지가 된 기분이 들었지만, 그 여정을 포기하지 않았다. 처
음엔 움츠리며 포기하고 싶었지만, 자신 안의 욕구를 말하는 것을
매 순간 선택했던 산드라의 모습은 큰 울림으로 다가왔다. 고통스럽
지만 매 순간 '말하기로' 선택을 하자, 그녀는 날마다 조금씩 강해져
갔다.

✖ 가부장제 사회에서 억눌려온 생각을 소리높여 '주장하라'

강남역 살인 사건이 떠올랐다. 사건이 일어난 지 이 년이 지난 2018년 5월 강남 역 10번 출구 앞에서 피해자를 추모하며 '우리의 두려움은 용기가 되어 돌아왔다'고 외쳤던 여성들의 목소리가 산드라의 모습에서 들리는 것 같았다.

강남역 살인 사건은 2016년 5월 17일 강남역 인근의 남녀 공용 화장실을 이용하던 한 여대생이 알지도 못하는 남성에 의해 살해당한 '여성혐오' 살인 사건이다. 당시 김씨의 범행은 조현병으로 인한 우발적인 '묻지마 살인 사건'으로 경찰에서 조사됐다. 김씨가 '평소 여성이 나를 무시해서 죽였다'고 조사과정에서 분명히 말했음에도 불구하고 말이다. 또 이 사건을 여험 살인으로 바라보는 것이, 불필요한 남녀갈등을 조장하고 심지어 페미니스트들이 사건을 왜곡하고 여성의 권력을 남용하는 것이라며, 피해자 추모집회에 나온 여성들을 강하게 비난하는 남자들도 등장했다.

이렇듯 때로는 말도 안 되는 오해 속에서 조롱을 당하면서도, 여성들이 소리 높여 말할 수밖에 없는 이유는 단순하다. 생존이 걸린 문제이기 때문이다. 단지 여성이라는 이유로 수많은 사람들이 활보하는 도시에서 죽임을 당할 수 있다는 공포가, 사건이 일어난 지 3년이 되어가는 지금도 여성들로 하여금 거리에서 강남역 살인사건이 여성혐오 사건이라고 반복해서 말하게 해주는 것이다. 영화에서 산드라가 동료들을 향해 일하고 싶다고, 반복해서 말한 것처럼 말이다.

이런 목소리들이 지속적으로 존재했기 때문에, 여성혐오를 인정하지 않으려는 사회적 분위기 속에서 강남역 살인 사건은 여성혐오에 대한 사회적인 경각심을 불러일으켰다. '여성혐오를 혐오한다'는 용기 있는 목소리를 지금까지 세상에 알릴 수 있게 되었던 것은 아닐는지.

워크숍에 왔던 한 중년여성은 분노조절장애가 있는, 남편에게서 받는 고통을 글로 썼는데, 사소한 언쟁에도 물건을 부수고, 집이 떠나가라 소리지르며 욕설을 하는 그녀의 남편은 가족들에게 툭하면 공포를 선사하는 사람이었다. 하지만 그는 그 심각성을 전혀 인식하지 못했고, 가족들이 자신의 마음을 제대로 알아주지 않는다고, 늘 화가 나 있었다. 아내와 아이들이 자신의 신경에 거슬리는 말만 하지 않으면 집 안에 큰 소리 날 일이 없을 거라는 말을 습관처럼 달고 다니는 그가 자신의 폭력적인 행동이 얼마나 가족들에게 두려움과 고통을 주는지 알 리 만무했다. 오랜 세월 동안 권위적인 남편에게 억눌린 채 자신의 감정을 표현하지 못하고 살았던 그녀에게 남편에 대한 두려움을 있는 그대로 말하라고 조언해준 기억이 난다.

여성들의 두려움과 고통을 고질적인 습관으로 치환하는 탁월한 재주가 있는 가부장제 사회에서 남자들에게 진실을 알려주기 위한 방법 중 하나는, 그들이 생활 속에서 깊이 공감하지 못하고 체감하지 못하는 두려움, 여성들의 고통을 끊임없이 소리 높여 말하는 것뿐이다. 〈내일을 위한 시간〉에서 산드라가 동료들을 설득하는 방법 또한, 있는 그대로의 사실을 말하고 자신의 욕구를 말하는 자기표현이 아니었나? 산드라가 처음부터 자신의 생각을 강하게 주장하는 여성이 아니었다는 점을, 그래서 나는 주목하고 싶다.

✖ 자신의 태도를 선택할 수 있는 사람의 '자유의 얼굴'

페미니즘 강의나 모임에서 나를 만난 사람들 중에는 '센 언니'의 이미지로 상상했었는데 직접 만나니 다르네요'라는 말을 한 사람들이 많았다. 어떤 이는 내가 쓴 글과는 다르게 어리바리한 모습에 놀라움을 표하기도 했다. 가감 없이 말하자면 나는 예민하고 불안지수도 높은 편이다(과거의 불안지수에 비하면 많이 낮아졌지만). 그러니까 전반적으로 겁이 많은 편이라 할 수 있겠다. 그랬던 내가 8년 전 4대강 사업의 불법성에 대해 교회에서, 마을에서 이야기하다가 졸지에 (생뚱맞게도)사람들에게 빨갱이 취급을 당한 것을 생각하면, 지금도 깜짝깜짝 놀란다.

당시 내가 진실을 말할 수 있었던 것은 절박함 때문이었다. 살아 있는 강을 '살린다'고 거짓말하며 식수오염을 자행하고, 국민의 생존권을 위협하는 정부의 불법적인 작태에 말할 수 없는 분노가 일면서, 생존에 대한 두려움이 밀려왔다. 마을에서 혼자 외쳤던 소리는, 도시의 광장에서 많은 사람들과 함께 외칠 수 있는 힘이 되어주었다. 걸핏하면 감정적으로 요동치며 힘들어하는 산드라가 더욱 공감이 되었다. 자신이 원하는 것을 말하기 시작하면서, 그녀도 조금씩 단단해져 갔던 것이 아닌가.

하지만 당연한 권리를 주장하면서도 동료들에게 미안해하는 산드라의 모습은 어쩐지 불편하다. 그녀가 동료들의 보너스를 빼앗는 사람이 된 것처럼 보이기 때문이다. 산드라의 복직과 보너스 중에서 한 가지만 선택해야 하는 양자택일의 대립 구도를 만든 것은 사장인데도 말이다. 그는 반장을 앞세워 산드라의 복직을 마치 공공의 적 내지는 골칫덩어리로 만들어버린 뒤, 그녀가 복직되면 다른 직원들이 잘릴 수도 있다는 거짓 소문까지 야비하게 퍼뜨린다.

영화 속 사장과 반장을 보며, 여성들이 차별을 이야기하면 어처구니없는 역차별을 말하면서 여성과 남성을 대립 프레임으로 만드는 남자들이 떠올랐다. 당연한 권리를 말하는 여성들에게 갈등을 일으키지 말고 조용히 입을 다물라고 말하는 사람들도 생각났다. 여성들은 여자라는 이유로 강력범죄의 희생자가 되고 있다는 사실을 알고 싶어하지도 않고 못 본 척하는 가부장제 사회의 홍위병 같은 남자들이 사장의 모습을 통해 수없이 걸어나왔다.

월요일 아침 투표에서 과반수 이상의 지지를 얻지 못한 산드라는 복직에 실패한다. 하지만 그녀는 자신을 지지해준 동료들 한 명한 명을 껴안으며 고마워한다. 그때 사장이 여덟 명의 지지를 이끌어낸 그녀의 능력을 높이 사서, 동료들에게 보너스도 주고 그녀를 복직시켜주는 깜짝 제안을 한다. 계약기간이 곧 만료되는 계약직 대신에 들어가는 복직 조건이었다.

"남을 해고시키고 복직할 수는 없다"는 소신을 담담히 밝히고 사장실 문을 박차고 나오는 산드라의 얼굴이 햇살에 밝게 빛난다. 그것은 어떠한 상황에서도 자신의 태도를 선택할 수 있는 자유의 얼굴!

"우리 잘 싸웠지? 나 행복해!"

　　남편과 전화 통화를 하며 길을 걸어가는 산드라의 뒷모습을 보여주며 영화는 끝나지만, 우리는 안다. 지금부터 산드라의 삶이 비로소 새롭게 시작한다는 걸. 침묵하지 않고 입을 크게 열어 내 안의 두려움을 말하고, 고통을 말하고, 원하는 것을 말했을 때, 진짜 자유로워질 수 있음을. 왜냐하면 우리의 간절한 목소리는 우리를 자유롭게 해주기 때문이다.

　　산드라가 걸어가던 길 위에서, 중국의 혁명가이자 소설가인 루쉰의 목소리를 듣고 싶은 이유도 바로 그 때문이다.

"희망이란 본래 있다고도 할 수 없고 없다고도 할 수 없다.
그것은 마치 땅 위의 길과 같은 것이다. 본래 땅 위에는 길이 없었다.
걸어가는 사람이 많아지면 그것이 곧 길이 되는 것이다."

〈내일을 위한 시간〉을 더 잘 읽기 위한 영화미학

현실을 담담하게 이야기하며 리얼리티 속에 가장 강력한 삶의 은유가 숨어 있음을 깊이 통찰하는 형제 영화감독 피에르 다르덴 Pierre Dardenne과 뤽 다르덴Luc Dardenne의 시각은, 영화 〈내일을 위한 시간〉에서도 유효하다. 열 번도 넘게 전화가 울리지만 눈을 감은 채 지친 표정으로 누워 있던 산드라가 느지막이 겨우 일어나 전화를 받는 모습이, 그녀의 우울하고 고립된 내면을 함께 보여주기 때문이다.

핸드헬드 카메라로 산드라를 불안하게 따라가며 감정적인 소용돌이 속에서 토해내는 거친 호흡까지 포착하는 영화의 시선은 산드라와 동행하는 느낌마저 전해준다.

우울증의 여파로 복직해도 일을 잘 하지 못할 것 같다는 주위의 우려에 대해, 그녀는 잘할 수 있다고 자신 있게 말하고 싶지만, 사장 앞에서 그만 입이 얼어붙고 만다. 동료들을 설득하러 돌아다니다가 잠시 길에 앉아 쉬던 중 들려온 새소리를 음미하며 "저게 나라면 좋겠어. 노래하는 저 새"라고 말하는 그녀의 갈망은 그래서 간절하고 아플 수밖에 없다.

그러나 이러한 과정들이 있어서, 마지막에 반장과 사장 앞에서

"거짓 소문으로 사람들을 겁주면 안 된다"고 당당히 자신의 생각을 말할 수 있지 않았을까. 다량의 신경안정제를 한꺼번에 먹어서 병원에 실려 갔던 그녀가 투표 결과를 기다리는 피 말리는 순간에 해갈하듯 생수만 연거푸 마시는 장면은 그전에 불안할 때마다, 신경안정제 알약을 꺼내 먹던 것과는 대비된다.

이제, 산드라는 더는 신경안정제를 필요로 하지 않을 것이다. 영화의 마지막에 어디로 가야 할지 모르지만, 길 위에 있으란 부름을 받은 것처럼 계속 걸어가는 산드라의 뒷모습에서 알 수 있었다. 그동안 자신을 붙들었던 실패의 목소리를 허물고, 세상이 틀 지워준 모습에서 벗어나 새로운 출발을 하는 산드라의 여정이 작지만 힘센 희망처럼 다가왔다.

08

왜 당신을
부족한 사람으로 생각했을까?

내 사랑
Maudie

에이슬링 월시 감독, 샐리 호킨스·에단 호크 주연, 2016

영화 〈내 사랑〉의 원제가 '모드Maudie'라는 것을 알았을 때, 자극적인 제목의 책 겉표지를 보는 듯한 기분이 들었다. 정작 알맹이는 제목과 다른 책 말이다. 달콤한 로맨스를 연상시키는 '내 사랑'이라는 제목은 영화와 도통 어울려 보이지 않았다. 한편, 역설이라는 생각도 들었다. '모드'가 죽은 후 남편 에버렛이 텅 빈 집에서 통곡처럼 중얼거렸을 '내 사랑'이란 말, 그 말을 하기까지 지나온 시간이, 유리조각처럼 빛나지만 아픈 시간이 영화 〈내 사랑〉이란 생각을 했다.

심한 관절염으로 몸이 불편한 모드는 마을의 상점 게시판에서 가정부를 구하는 생선장수 '에버렛'의 메모지를 보게 되고, 혼자 그의 집을 찾아간다. 어린 시절 보육원을 전전했던 에버렛은 세상에 정을 주는 데 인색한 남자다. 그에 반해 모드는 집에서 기르던 닭을 잡아먹을 때조차 가슴 아파하며 "미안하다"고 닭에게 말을 건네는 여성이다.

부모가 죽은 뒤 친오빠 찰스에 의해 아이다 숙모 집에 맡겨진 모드는 그림을 배우지는 않았지만, 붓질을 할 때 행복해지기에 방에 틀어박혀 그림을 그린다. 그런 모드가 숙모는 못마땅하다. 그림 그리는 걸 방을 어지럽히는 걸로만 생각하는 아이다 숙모에게 그림은 소모적이고 무용한 것일 뿐. 아무도 알아주지 않는 예술행위는 한마디로 쓸모없는 짓인 것이다.

그뿐만이 아니다. 모드가 가정부로 일하겠다며 독립을 선언하자, 아이다 숙모는 그녀가 가문에 먹칠을 한다고 비난한다. 몸이 불편해 제 앞가림도 못하면서 무슨 일을 하겠냐며, 인연을 끊자는 협박까지 한다. 이후 모드가 에버렛의 집에 기거하며 가정부로 일하게 되자 에버렛의 "성노예"라는 막말까지 서슴지 않는다.

숙모의 말에서 가부장제 사회의 폭력적인 시선이 거칠게 감지된다. 여성이 유리천장을 뚫었을 때, 여성의 능력보다는 외모, 사적인 관계 등, 어떻게든 부가적인 것들로 성공의 이유를 찾으려는 굴절된 시선 말이다. 성녀와 창녀의 대립 이미지로, 혹은 모성이라는 신화로 여성을 통제했던 것은 역사의 어둔 이면이 아닌가. 그 통제를 위해 가부장제 사회가 했던 일이 바로 여성을 남성에 비해 열등한 존재로 왜곡하여 모든 잘못을 여성에게 전가하는 작업이었던 것도.

묵은 쓰레기더미가 터지듯, 지난해 미투로 세상에 드러난 각계각층의 성폭력 뉴스에 이어 올해 버닝썬의 성관계 불법 촬영과 유포 사건까지, 한국이 강간문화가 만연한 사회임이 말할 수 없이 실감나는 요즘이다. 이러다간 불법 촬영을 하지 않은 남성들을 위한 상이라도 제정해야 되는 것 아니냐는 웃픈 이야기가 나올 정도니, 기가 막힌 현실이다.

강간문화는 '강간이 사회적으로 용인되고 만연해 있는 탓에 강간이 정상으로 여겨지는 환경'을 가리킨다. 직접적인 성폭력 외에도, 성폭력 피해자에 대한 비난과 여성에 대한 성적 대상화 역시 강간문화의 범주에 속한다. 지난해 한 남자배우의 성폭력을 미투로 고발한 여성의 집 앞에 와서 욕설을 퍼부으며 죽이겠다고 협박하는 남자들이 나타나 충격을 주었는데, 이렇게 끔찍한 행동이 아무렇지 않게, 일상적으로 벌어지는 것이 바로 강간문화다.

영화 〈내 사랑〉에서 모드에게 남편 에버렛이 나무토막이랑 하는 게 당신과 섹스하는 것보다 낫겠다는 폭언을 하고, 집에서 기르는 개와 닭보다도 당신이 하위 서열이라고 말하는 것처럼, 강간문화로 유지되는 가부장제 사회에서는 여성을 어떻게든 사물로 전락시키려고 애쓴다. 인간이지만, 타자인 존재로, 남성과 비교해 열등한 존재로 만들려고 노력한다.

모드가 에버렛의 집을 처음으로 갔을 때, 애버렛이 차를 마시며 대화를 나눈답시고 기껏 한다는 말이, 여기로 이사하는 데 소가 몇 마리나 필요했을 것 같냐는 질문을 모드에게 던진 것은, 그래서 의미하는 바가 크다. 그에게 세상은 측량하고 넘어서고 완수해야 할 숫자일 뿐, 사물 속에 숨겨진 아름다움을 발견해내는 모드의 시선과는 완전히 다르다. 가부장제 문화가 중요히 생각하는 효율성에 기반을 둔 서열의식을 그는 삶으로 답습하고 있는 것이다.

✖ 가부장제의 사죄가 필요하다

그러나 결혼 후 그들의 관계는 변화하기 시작한다. 몸이 불편한 모드를 대신해 에버렛이 집안일을 도맡아 하고, 그전에는 생각지도 못했던 지점으로 진화해가는 과정은 흥미롭다. 정신분석가 로버트 A 존슨Robert A Johnson이 쓴 책 『신화로 읽는 여성성 She』의 한 구절과 겹쳐지는 장면이 아닐 수 없다.

> 대부분 여성이 먼저 '여기 앉아서 이야기해보자' 라고 말한다.
> 남성은 이런 것에 익숙하지 않다. 여성은 남성을 위해
> 진화의 매개자가 된다. 여성은 종종 남성에게 새로운 차원으로
> 관계를 발전시키도록 빛을 비춘다.

모드의 임종 때 에버렛은 회한에 차서 말한다.

> "왜 당신을 부족한 사람으로 생각했을까?"

에버렛의 이 뒤늦은 고백이야말로, 불법 촬영과 성폭력이 판치는 우리 사회에 정말 필요한 고백이 아닐까. 피해 여성들의 고통은 생각하지 않은 채 오히려 여성들에게 낙인을 찍고 죄인으로 만들었던 잘못을 이제는 인정하고 사죄해야 할 때다. 그것은 쓰레기 같은 남성 문화를 묵인했던 가부장제 사회를 치유하는 일이기도 하다. 최근 클럽 버닝썬의 성관계 불법 촬영과 유포 사건이 세상에 드러난 후, 인터

넷에서 "나는 피해자가 궁금하지 않다"는 경고장이 해시태그와 함께 번져나가는 현상을, 그동안 집단적 관음증 뒤에서 면죄부를 받았던 남성문화를 반성하는 치유의 작은 첫걸음으로 보아도 괜찮을까.

시간이 오래 걸릴 지난한 길이겠지만, 아마도 치유는, 고통을 회피하지 않고 바라보면서부터 시작되는 건지 모른다. 에버렛에게 느닷없이 뺨을 맞은 모드가 붉게 달아오른 뺨을 손으로 부여잡고 집에 들어가자마자 벽에 그림을 그리는 장면은, 그래서 슬프지만은 않았다. 손가락에 물감을 묻혀 그리는 모드는 순간 천지를 창조하는 조물주처럼 보였다. 손가락에서 탄생한 꽃과 나무가 벽을 뚫고 하늘로 날아오를 것처럼 너무도 밝고 눈부셨기 때문이다. 그녀의 손가락은 마치 벽 속에 갇힌 수많은 에버렛의 마음을 어루만져 세상에 다시 태어나게 하려는 것 같았다.

벽에 그림을 그리고 난 뒤 모드는 자신이 떠나길 원하느냐, 남길 원하느냐, 에버렛에게 돌직구 질문을 던진다. 모드는 폭력에 움츠러들지 않은 채 에버렛에게 오히려 마지막 기회를 준다. 그렇다. 그 자유로움은 그전에 벽에 꽃과 새를 그려 넣었던, 예술이라는 시간이 준 힘이었다.

✖ 가부장제가 남긴 상처를 치유하는 그림

워크숍에서 만난 한 여성은 남편과 사별한 기억을 글로 쓰면서 자꾸만 눈물이 난다고, 눈물을 흘릴 때마다 자신 안에 있던 묵은 감정들이 자꾸만 빠져나가는 것 같다고 말했다. 그녀의 고백처럼 세상의 모든 예술은 치유의 씨앗을 품고 있다. 미처 다 토해내지 못한 울음을 누군가는 대신 울어줘야 함을, 그 일을 하는 존재들이 바로 예술가임을, 난 모드를 보며 확신할 수 있었다.

그것을 '바라보며 견디는 힘'이라고 말하고 싶다. 모드가 에버렛의 집에 일하러 온 첫날, 그녀가 가장 처음 한 일도 바라봄이 아니었나. 그녀는 집에서 갖고 온 그림을 선반 위에 얹어두고 바라보고 또 바라보았다. 더께 묻은 세간살이를 청소하는 것보다, '바라봄'을 그녀는 가장 먼저 선택했다. 그것을 '처음의 시선'이라 불러도 괜찮을 것 같다. 관절염으로 외출이 자유롭지 않아 어렸을 때부터 창을 통해서 만났던 세상, 그 세상에 우리가 미처 발견하지 못한 아름다움이 있다고, 꿈이 있다고 그녀는 말한다.

그 꿈의 기억을 찾아내어 집안 구석구석 꽃과 나무를 그려 넣을수록 메말랐던 에버렛의 집은 기쁨의 정원으로 변해갔다. 모드의 아름다운 그림으로 집이 채워질수록 모드와 에버렛이 주종관계에서 서로를 품는 사랑으로 변화했던 것처럼 말이다.

그녀의 그림을 처음 세상에 알려준 여성 산드라가 창작열의 원천에 대해 물어보자 모드는 창문을 통해 보이는 새와 꿀벌이 매번 다르다고 창을 바라보며 담담하지만 힘 있게 고백한다.

✖ "내 인생 전부가 액자 속에 있어요, 바로 저기"

우리가 다르게 바라보기 시작할 때, 익숙한 사물들은 새롭게 태어난다. 그리고 그 탄생은 가부장제 문화의 왜곡된 시선을 치유해갈 것이다. 그 너머 더 나은 곳을 향해 진화해갈 것이다. 영화의 에필로그에 등장한 흑백 영상 속 실제 모드 루이스의, 모든 것을 다 품고 걸어가는 듯한 미소를 잊지 못하는 것은, 그녀가 가난한 작가인 내게 아주 선명히 말했기 때문이다.

"두려워하지 마. 고통은 너를 더 아름답게 만들어줄 거야. 그래, 창작의 원천이 되어줄 거야!"

〈내 사랑〉을 더 잘 읽기 위한 영화미학

영화 〈내 사랑〉은 실존했던 캐나다 화가 모드 루이스의 삶을 다룬 영화다. 정규 미술교육을 받지 않은 채, 기존 미술 문법에 얽매이지 않는 자유로운 그림을 그렸던 모드 루이스는 "그림 그리는 일이 스스로를 행복하게 만드는 방식이었다"라는 고백을 한 바 있다.

어린 시절부터 창을 통해 바라보던 세상이 전부였기에, 영화에서 모드가 창문에 그림을 그리는 장면은 감동적으로 다가온다. 영화 내내 창을 통해 바라보는 카메라의 시선이 자주 등장하는 점도, 모드와 에버렛의 관계가 진화될수록 불투명한 창을 통한 시선이 투명하게 이동하는 점도 흥미롭다.

모드가 에버렛의 집에 처음 갔을 때, 대화를 마치고 집을 나서는 모드를 배웅하는 에버렛이 바라보는 모드는 뿌연 안개 속에 있는 것 같다. 모드와 에버렛 사이에 비스듬히 열린 문이 가로막혀 있고, 그 문의 먼지 자욱한 흐린 창으로 에버렛이 모드를 바라보고 있기 때문이다. 이 시선은 자신만의 세상에 갇혀 있는 에버렛의 모드를 이해하지 못하는 마음 상태를 상징적으로 보여주고 있다. 또 그 순간 "당신은 도움이 꼭 필요해요"라고 에버렛에게 던지는 모드의 대사는 더할 나위 없이 중의적이지 않은가.

모드의 그림을 세상에 알려준 여성 산드라가 신은 체리빛 구두를 예쁘다고 부러워하는 모드에게 '걷는다'는 것은 다중적인 의미로 다가온다. 다리를 저는 모드에게 걷는다는 것은, 불확실하고 고통스럽지만 계속 삶을 향해 나아감을 의미하기 때문이다. 캐나다 뉴펀들랜드의 자연풍광을 절뚝거리며 혼자 걸어가는 모드, 또 에버렛과 함께 걸어가는 모드를 아름다운 원경으로 담아낸 여러 장면들이 그러하다.

절연했던 숙모를 찾아갈 때 모드가 입은 코트가 산드라의 구두 색깔과 같은 것도 유의미하다. 그것은 더 이상 회피하지 않고 모든 상처를 직면하겠다는 모드의 마음을 상징적으로 보여주는 듯하다.

영화 마지막에 에버렛은 혼자 집에 망연히 앉아 있다가 집 밖에 있던 모드의 그림을 집 안으로 갖고 들어온다. 그러고는 이내 문을 닫고 완전한 어둠 속으로 들어간다. 모드라는 여성이 에버렛이라는 남성에게 빛을 비추는 존재였다는 걸 명료히 확인할 수 있는 장면이다. 모드가 에버렛에게 새로운 차원의 관계를 열어주고 예술로 마음을 치유하는 존재였음을 말이다. 다리를 절어서 사람들의 조롱 어린 시선을 감내해야 했지만, 그 어떤 상처도 느껴지지 않는 행복한 모드의 그림이, 우리 안에 다다르지 못한 아름다움이 있다고 말하는 것처럼.

09

새롭게 쓰는
나이 듦의 신화

클라우즈 오브 실스 마리아
Clouds of Sils Maria

올리비에 아싸야스 감독, 줄리엣 비노쉬 주연, 2014

연예기획사 대표로부터 중년 여배우들의 고민에 관해 들은 적
이 있다. 나이가 들수록 배역을 선택할 수 있는 여지가 좁다는 것이
다. 영화나 TV 드라마 주인공은 대부분 이십대가 차지하고 있고 나
이 든 여자배우들에게 할애된 역할은 젊은 주인공들의 엄마나 고모,
이모 등, 대부분 특화되거나 한정된 역할이라는 것이다. 그래서 그럴
바에는 차라리 하루빨리 더 늙어서 할머니 역할을 맡고 싶어 하기도
한다는, 씁쓸한 이야기였다.

어렸을 때 나이 듦은 미래로 가는 빛나는 통과의례처럼 느껴졌
다. 하지만 언제부턴가 나이는 삶을 무례하게 추월하는 과속차량처
럼 느껴진다. 우리는 나이에 대해 적잖이 부담스러워하고 때론 곤혹
스러워한다. 물론 '나이 듦'을 지혜에 접목해서 칭송하는 이야기가 세
대를 초월해서 나오고는 있다.

하지만 젊음을 과도하게 선호하는 우리 사회에서, 젊게 보이는 것, 젊어지는 것은 필수적인 미덕이 되어버렸다. TV만 틀면 나오는 아이돌과 걸 그룹, 건강과 미용산업을 등에 업은 '동안 열풍'은 이 시대가 젊음을 물신 숭배하는 느낌을 전해주기에 부족함이 없다.

✖ 여성을 젊음과 등가하는 현대 사회

영화 〈클라우즈 오브 실스마리아〉에서 나이 듦을 흔쾌히 받아들이지 못하는 중년의 배우 마리아라는 여성의 내면을 우리는 여행한다. 함께 여행하는 중에 길을 잃기 쉬운 것은, 정리되지 않은 수많은 기억과 감정들의 충돌 속에서 그녀를 만나야 하기 때문일 터. 영화가 시작하자마자 마리아는 가장 먼저 죽음과 만난다. 스위스 알프스 지역의 산골마을인 실스마리아로 가는 기차 안에서 감독 빌렘의 부고를 듣게 되는데, 빌렘은 연극 〈말로야 스네이크〉의 감독으로 이십 년 전 그녀를 일약 유명한 배우로 만들어준 은인이다. 마침 그녀는 시상식에 거부감을 느끼는 빌렘의 대리수상을 위해 비서 발렌틴과 함께 취리히 시상식장에 갔다가, 감독이 사는 실스마리아로 가려던 중이었다.

연극 〈말로야 스네이크〉는 중년의 여성 헬레나와 그녀의 젊은 비서 시그리드, 두 여성의 사랑 이야기다. 연인에게 버림받은 헬레나가 자살하는 것으로 끝이 나는 이 연극을 이십 년의 세월이 흐른 뒤 젊은 남자감독 클라우스가 리메이크하려고 마리아에게 출연을 제안하지만, 마리아는 망설인다. 왜냐하면 그녀에게 주어진 역할이 이십 년 전 그녀의 배역인 시그리드가 아닌, 중년여성 헬레나이기 때문이다. 시그리드 배역에 집착하는 마리아는 비서 발렌틴과 대본 연습에 들어간 후에도 계속 미묘한 신경전과 갈등을 겪게 된다.

더 이상 다양한 역할이 허락되지 않는, 중년의 여배우들이 느끼는 불안의 배후에는, 여성을 젊음과 등가시키고 싶어 하는 가부장제 사회의 편견이 존재한다. 젊음을 잃어버린 여성은 효용가치가 사라지고 존재 자체로 인정받기 어려운 남성 중심적인 사회에서, 더구나 날이 갈수록 정신적인 가치조차 물질화되어버리는 이 사회에서 말이다. 그것은 여성을 대상화하여 남성의 시선으로 검증받는 정체성이 아닌가?

연극 〈말로야 스네이크〉가 젊은 여자와 나이 든 여자의 대립구도라고 여기는 마리아의 생각에서도 그 시선을 만날 수 있다. 그녀는 연극에서 중년 여성 헬레나가 자살한 것처럼, '젊음'에게 밀려난 '나이 듦'에게는 몰락밖에 없다고 생각한다.

✘ 껍질을 깨고 나와 '진짜 나'를 마주하라

전에도 그랬지만, 마흔을 넘기자 나는 세상의 편견과 더 자주 부딪혀야 했다. 나이에 따른 서열화를 유독 좋아하는 한국 사회에서 마흔이 넘은 여성이 여전히 이십대 때의 호기심과 열정을 갖고 살아간다는 것은, 주위에 규정되지 않은 불안을 전해주기에 충분 했나보다. 세상은 나에게 불혹이란 나이에 맞게 이제는 모험을 끝내고 안주하라고, 어떤 유혹에도 흔들리지 않아야 한다고 강요하는 것 같았다.

그러던 어느 날, 나이는 허구에 불과하단 깨달음이 들었다. 왜냐하면 내 안에는 열다섯 살 때의 꿈과 스무 살의 열정이 여전히 모두 남아 있었기 때문이다. 그들은 무대에서 순서대로 페이드 아웃되길 기다리지 않을뿐더러, 원한다고 사라지지도 않았다. 마흔이 되었다고 갑자기 성숙해지는 것도, 갑자기 모든 열정이 소진되어 늙는 것도 아니라는 진실을 마주한 것이다. 나는 그냥, 나일 뿐이었다.

요즘 젊은이들의 문화가 충동적인 인터넷 소비문화라고 빈정대면서도, 카지노에서 판돈을 다 걸고 배팅을 하는, 스스로 충동적이고 무모한 모습을 연출하는 마리아의 혼돈스러운 모습은, 그래서 공감이 갔다. 아마도 내 안에서 중첩된 여러 시간들이 하나로 통합되기까지는, 그러니까 진짜 '나'를 만나기 위해서는, 껍질처럼 나를 둘러싸고 있던 불필요한 소도구와의 결별이 필요하지 않았을까. 함께 올라간 산에서 비서 발렌틴이 갑자기 떠나고, 영화 초반에 달리는 기차 안에서 남편과의 이혼소송 문제를 전화로 통화하고, 그 와중에 감독 빌렘의 부고를 들으면서, 그동안 거추장스런 옷처럼 자신을 둘러싼 수많은 페르소나와 결별을 마리아는 시도하고 있었는지도. 아내라는 역할에서, 또 이십 년 전 역할에서 풀려나 오롯이 혼자가 되어야만 만날 수 있는 '나'를 찾아가는 여행을 비로소 시작했는지 모른다.

✖ 다른 시선으로 삶을 바라볼 수 있을 때 우리는 성장한다

그런 점에서 연극 '말로야 스네이크'의 대본을 젊은 여성과 나이든 여성의 대립 구도로 읽는 마리아에게 비서 발렌틴이 해주는 말은 의미심장하다.

" 글은 물체와도 같아서 보는 위치에 따라 달라요."

철학자 리쾨르^{Paul Ricoeur}는 인간의 삶은 이야기라면서 "삶은 이야기로 재구성되어야 의미를 얻는다"고 했다. 이는 삶이 하나의 생명체처럼 진화할 수도 있다는 말일 것이다. 몇 해 전 중년여성들과 함께 연극을 만들면서, 이 '이야기의 생명력'을 웅숭깊게 느낄 수 있었다. 여성들의 자전적인 삶을 바탕으로 대본을 써서 공연을 올렸는데, 대본작업을 위해 속내 깊이 묻어둔 그녀들의 삶의 이야기를 들으며 그때 그 기억에 함께 울고, 또 웃었다. 무거운 감정의 짐을 털어내는 모습들이 먹먹했다. 다섯 시간이 넘도록 자신의 삶을 이야기하고 다른 사람의 삶을 들으면서, 세상을 바라보는 또 다른 시선이 확장되어 가는 것도 느꼈다.

영화에서도 연극 〈말로야 스네이크〉는 이십 년 후 감독 클라우스에 의해 재구성되어 또 다른 의미를 얻는다. 연습 막바지에 대본에 삽입된 새로운 한 장면을 마리아가 읽지도 않고 무대 리허설에 오르는 것은, 과거라는 정해진 삶의 대본에서 벗어나 스스로를 탈각하려는 시도가 아닐까? 나이 듦을 더는 악천후의 징후로 보지 않고, 또 다른 가능성의 변곡점으로 바라보려는 시선 말이다.

그것은 젊음이 페이드 아웃된 어둠 속에서 우울하게 페이드 인되는 나이 듦의 이야기가 아니었다. 과거와 현재가 연속적으로 디졸브되며 만들어가는 삶, 수많은 분열과 통합의 과정을 거쳐 더 깊은 '나'에게 도달하는 이야기였다.

✖ 다시 쓰는 여성의 이야기

마침내 무대에 오른 마리아의 얼굴에는 젊은 시절 풀어내지 못한 욕망과 회한이 모두 들어 있다. 허허로운 들판처럼 펼쳐져 있지만, 존재의 불안을 있는 그대로 받아들이며 삶을 응시하는 얼굴이다. 나이를 먹는 것은 '무언가에 대한 희망을 유지하는 기술'이라고 이야기한다. 어쩌면 나이가 드는 것은 끊임없이 희망을 연습하는 일일 것이다. 마지막에 연극 무대 가득 흐르던 파헬벨의 캐논 변주곡, 사계절의 순환처럼 반복되는 화성 밑에서 견고한 뿌리처럼 깔려 있던 베이스 음 같은, 그런 희망 말이다.

그때 비로소 자신만의 고유한 상처는 새로운 이야기를 만들어내는 동인이 되어줄 것이다. 의식이 성장하는 시기가 오면, 오래전부터 내가 굳게 붙잡고 있던 낡은 관습이 새로운 탄생을 환영해준다는 이야기처럼 말이다. 다른 시선으로 삶을 바라보기 시작할 때 우리는 더 성장하고 진화할 수 있을 테니.

여성운동가 마가렛 풀러Margaret Fuller는 자신의 내부로 더 깊이 내려가라고 여성들에게 이야기한다.

> "여성은 남성에게 요구하고 남성에게 영향 받는 것을 그만두고,
> 오직 그들 자신의 내부로 물러나서 그들의 독특한 비밀을
> 발견할 때까지 인생의 토대를 탐구해야만 한다.
> 그런 뒤에 그들이 다시 세상에 나타날 때는 쇄신되고 정화되어,
> 모든 광채를 금으로 변화시키는 방법을 알게 될 것이다."

내 안의 분열된 자아가 죽고 새로운 이야기가 태어날 수 있을 때, 가부장제 세상의 프레임을 벗어나 자유롭고 싶은 여성들의 이야기를 여성의 시선으로 쓸 수 있을 것이다.

다시 쓰자. 깨지고 조각난 사금파리의 빛을 모아 이제, 이야기를 만들자.

〈클라우즈 오브 실스마리아〉를 더 잘 읽기 위한 영화미학

현실과 연극(연습) 장면이 계속 중첩되는 영화 〈클라우즈 오브 실스마리아〉에서 비서 발렌틴은 마리아의 무의식 중 한 부분을 이룬다. 상대역(시그리드 배역)으로 대본 리딩 연습을 도와주면서 마리아의 젊음이 직접적으로 투사된 분신으로 드러나는데, 연극 속 갈등은 현실 속 발렌틴과 마리아의 갈등으로 전이된다.

현실의 관계에서 힘의 우위가 어느 순간 마리아에게서 발렌틴에게 기울어지는 것도, 연극의 관계역학과 비슷하고, 남자친구와 데이트를 하는 발렌틴에게 마리아가 묘한 질투심을 보이는 것도 동성애가 나오는 연극의 에로스적인 긴장감을 연상시킨다.

영화 속 연극의 제목인 '말로야 스네이크'는 실스 마리아의 말로야 계곡에 출몰하는 구름의 움직임을 묘사한 단어로, 그 모양이 마치 뱀처럼 흐른다고 해서 '말로야 스네이크Maloja snake'로 불린다.

사람들이 쉽게 볼 수 없는 말로야 스네이크의 풍경이 악천후의 징후로도 여겨진다는 이야기는 불안을 대동한 삶의 징후가 아름다울 수도 있다는 걸 역설적으로 이야기해준다. 100년 전 촬영된 다큐멘터리 〈말로야 스네이크〉의 영상을 보고 영감을 얻어서 연극을 만든 빌렘 감독이 자살한 장소가 비서 발렌틴이 사라진 말로야 언덕이라는 점 또한 공교롭다.

영화 초반에 부고를 듣는 기차 장면이 마치 어두운 동굴처럼 끝나고 곧 이어 빌렘 감독이 죽은 설산이 눈부시게 나오는 것은, 그래서 앞으로 마리아에게 일어날 죽음과 재생의 이야기를 복선처럼 말해주는 듯하다. 연극의 막이 오르기 전 대기실에 찾아온 스물다섯 살 젊은 감독의 SF영화에 마리아가 출연을 결정한 것이 나이 듦의 기분 좋은 징후로 다가오는 이유다. 더구나 감독이 설명하는 그녀의 배역이 "나이가 없지만 동시에 모든 나이를 대변하는, 시간을 초월한 존재"라니!

얼마 전 다섯 살 아이와 함께 카페에 갔는데, 잠깐 한눈을 판 사이에 아이가 컵을 떨어뜨려 물이 바닥에 쏟아지는 바람에 얼른 휴지로 닦아냈어요. 그런데 뒤에서 수군거리는 소리가 들리더라고요. "왜 아이를 데리고 와서 민폐야? 그러니 맘충이지!" 그 말을 듣고 너무 놀라고 당황스러워 서둘러 카페를 나와버렸는데요. 아이가 실수한 것조차 엄마를 맘충이라고 비난하는 현실이 기가 막히더군요.

그러게요. 아이의 작은 실수에도 관대하지 못한 사람들 때문에 화도 나고 억울하셨을 것 같네요.

한국 사회에 '맘충'이라는 여성혐오가 있다면, 스웨덴에는 '라테 파파'가 있다는 거, 혹시 알고 있으신가요? '라테 파파'는 한 손에는 커피, 또 한 손에는 유모차를 끄는 스웨덴의 아빠들을 가리키는 신조어인데요. 처음부터 라테 파파가 있었던 것은 아닙니다. 스웨덴 정부가 가족중심 정책을 적극적으로 추진했기에 가능했다고 하는데요. 세계 최초로 모성휴가제를 부모휴가제로 변경한 나라 역시 스웨덴이라고 하지요.

그에 반해 우리 사회는 부모휴가제는커녕, 엄마들에게 양육의 모든 책임을 떠넘기는 분위기죠. 아빠들은 불명예스럽게도 '허수아비'라고 불리는 판국이고요. 육아의 책임을 아내에게 돌린 채,

아무런 행동도 취하지 못하는, 그야말로 있으나 마나 한 허수아비란 혐오표현으로요.

그러니까 여성혐오 표현인 '맘충'의 탄생 뒤에는 가부장제의 권력층인 허수아비들이 든든하게(?) 포진해 있는 셈인데요. 일부 엄마들의 미성숙한 행동을 개인의 문제로 치부하지 않고 '맘충'이라는 여성혐오로 일반화를 시키는 현상을 보면, 모성에 대한 지독한 편견이 우리 안에 있음을 발견하게 됩니다.

엄마는 '마땅히 이러이러해야 한다'는 당위의 신화들. 그에 못미칠 것 같은 엄마들은 맘충으로 꼬리표를 붙여 몰아넣고 싶은 마음. 그 배후에는 여성혐오와 유기적으로 결탁한 '모성'이라는 오래되고 강력한 신화도 한몫한다고 보는데요.

위급할 때 나도 모르게 나오는 "엄마!"라는 말에서 알 수 있듯, 어머니라는 단어만큼 신화로 승격된 단어가 또 있을까요? '엄마'라는 단어만 들어도 울컥하게 만드는 감정 기제는 영화 속에서 아주 오랫동안 집요하게 활용되어왔습니다.

영화 〈신과 함께〉를 눈물 흘리며 보고 나서 뭔가 말려들었다는 찝찝한 느낌을 지울 수 없었던 것도, 영화의 배후에 붕어빵 틀 안에 넣으면 아무런 고찰 없이 자동으로 태어나는 붕어빵 같은, 모성신화가 있었기 때문이지요.

119 소방대원 김자홍은 아이를 구하다가 죽게 됩니다. 자신이 죽은 것을 깨닫고는 어머니를 한 번만 보게 해달라고 애원하지만, 결국 저승으로 보내져 재판을 받게 되지요. 저승의 마지막 관문인 천륜 지옥에서 그는 과거에 잠자는 어머니를 죽이려던 순간,

실은 어머니가 깨어 있었다는 걸 알게 되는데요. 청각장애자인 어머니가 아들에게 짐이 되지 않으려고 했다는 사실이 밝혀지면서 재판은 예상했던 것과는 전혀 다른 방향으로 선회합니다. 어머니가 자식을 이미 용서했기에, 더 이상 죄를 묻지 않기로 한 것입니다. "진정한 용서를 받은 죄는 다시 묻지 않는다"는 규정이 재판에 적용이 된 것이지요.

영화 〈신과 함께〉의 엄마 캐릭터처럼, 어머니의 용서와 희생은 당연하다는 생각이 있습니다. 자식이 노모를 부양하다 폭행을 해서 죽이고, 엄마가 아이를 학대하는 사건이 빈번한 세상에 살지만, 어머니는 지상에 발 딛지 않은 숭고함으로 여전히 남아 있습니다. 그 실재는 없고, 상징화된 관념만 남아 있는 느낌이랄까요? 영화 속에서 '어머니 캐릭터'는 오랜 세월 똑같은 모습으로만 소비된 느낌이 드는데요.

TV 드라마 〈시크릿 마더〉는 입시 보모와 모성이라는 테마로 관심을 모았지만, 본질적인 부분은 건드리지도 못한 채, 결국 극성 엄마들을 위한 고군분투 변명 드라마로 끝난 느낌이었습니다. '시크릿 마더'란 제목이 무색할 만큼 전혀 새로운 모색 없이 말입니다. 왜 엄마들이 자식 교육에 목숨 걸고 매달릴 수밖에 없는지, 구조적인 부분까지 함께 보여주었으면 하는 안타까움이 들었던 것은, 이런 엄마 캐릭터가 너무나 전형적이라는 점이었는데요.

올해 초 화제가 되었던 드라마 〈스카이 캐슬〉도 처음에는 혹시나 하는 기대를 품게 했지만, 결말은 역시나로 끝난 드라마였습니다. 상류층의 입시 열풍을 오르기 힘든 스카이 캐슬로 풍자한 드라마를 보며 명문대를 보내기 위해 자식을 사육하는 엄마들 배후의 사회구조적인 문제까지 들여다보길 기대했지만, 드라마는 다섯 여성들의 비뚤어진 욕망에만 초점을 맞추다 끝났지요. 드라마에 나오는 엄마들이 입시지옥의 구조는 성찰하지 않는 전형적인 열혈 엄마 캐릭터에서 악인으로까지 비약하는 것에 비해, 마지막 회에 그동안 아빠들의 잘못이 전래동화에나 나올 법한 개과천선으로 용서받는 것은 정말 어이가 없었고요. 특히 가정폭력범인 아빠 박수창이 돌연 좋은 아빠가 되어 나타나고 혼외자식을 둔 강준상이 딸이 죽은 후 가정을 원상태로 돌려놓으려고 고군분투하는 모범적인 가장으로 등장하는 장면들은 실소를 금할 수 없었습니다. 결국 '스카이 캐슬'이란 욕망의 성을 향해 질주하며 오르던 엄마들이 추락한 지점은 가부장제의 견고한 집이었던 셈인데요. 그녀들은 가부장제를 수호하는 공익광고에 등장하는 여성들처럼 다시 가정으로 돌아가 '좋은 엄마'가 되기로 결심합니다.

어찌 보면 가부장제 사회에서 창궐하는 모성신화는 여성을 집안에만 있게 하려는 음모처럼으로 느껴지는데요.

SNS에서 한 중년남성이 올린 글을 보며 그 의구심을 확신할 수 있었습니다. 언제부턴가 그는 카페에 차를 마시러 갈 때, 또는 식당으로 밥을 먹으러 갈 때, 옆에 있는 낯선 여자들의 대화 소리가 시끄럽다는 글을 수차례 올리기 시작했는데요. 반복적으로 비슷한 뉘앙스의 글을 올리는 그 남자의 의도가 점점 궁금해지기 시작했습니다. 왜, 저 남자의 눈에는 여자들 떠드는 것만 보일까? 강한 의문이 들면서 어린아이를 데리고 나온 엄마들을 맘충으로 보고 싶은 그의 마음에 자리한 여성혐오를 어쩔 수 없이 발견하고 말았지요. 사회비판적인 글을 올리며 진보적인 지식인인 척하는 그의 의식은 가부장적 사고방식에 갇혀 있었던 것입니다.

그가 쓴 글의 행간에는, "내가 어렸을 때 우리 어머니들은 이러지 않았는데"라는 한탄이 후렴구처럼 숨어 있었는데, 그의 말을 정확히 통역해보면 다음과 같았지요.

"옛날 엄마들은 얼마나 고생을 했는데 말이야! 카페에 모여 수다 떨 시간이나 있었겠어? 거기다 요즘은 기계가 밥도 해주는 세상인데, 여자들이 편해져도 너무 편해졌단 말이야. 해도 해도 너무하잖아!"

그 남자에게 이 말을 말해주고 싶더군요.

"여보세요! 우리 어머니들은 그래서 인간으로서 존중받지 못하고 그 미친 세월을 인내하며 감수하며 살아오신 겁니다. 그걸 알고나 있나요?"

한편에선 맘충이고, 또 한편에선 위대한 모성의 어머니 사이에서 현실적인 엄마들은 그 어디에도 없습니다. 그러니까, '실제로 존재하는 엄마'는 그 어디에서도 보이지 않는다는 건데요.

영화 〈케빈에 대하여〉는 우리가 익히 알고 있다고 생각하는 모성을 외과 의사가 수술 집도하듯이 해부합니다. 여성이면 누구나 엄마가 되는 것이 순리로 받아들여지는 세상에서 도발적인 질문을 던지고 있는데요. 세계 곳곳을 자유로이 돌아다니는 여행가인 에바는 아들 케빈이 태어나면서부터 그 전의 삶과는 완전히 다른 인생을 살아가게 됩니다. 엄마로서 준비되지 않은 채 갑작스레 감내해야 했던 양육, 이전의 삶과는 다르게, 축소된 집의 삶은 에바에게 분명 감옥처럼 느껴졌을 터. 아이의 울음소리를 공사 현장 소음으로 잠재우려는 미성숙한 초보 엄마 에바에게 케빈은 사랑받지 못한다고 믿으며 엄마에 대한 증오심을 무섭게 키워갑니다. 그러다 그는 학교에서 집단 살인 사건을 일으키고 말지요. 그렇잖아도 무거운 짐 같았던 아들 케빈은 엄마 에바에게 평생 씻을 수 없는 고통과 자책감을 선사합니다.

영화를 만든 린 램지 감독은 '엄마가 되는 것에 대한 두려움'을 영화로 말하고 싶었다는군요. 또 누구나 자연스럽게 자신을 희생하는 엄마가 될 수는 없다는 것, 그런 모성을 갖고 모든 여성이 태어나지는 않는다는 걸 말하고 싶어 했던 것 같은데요. 모든 엄마가 자신의 아이가 사랑스러운 것은 아니라는 것은, 사실 직면하고 싶지 않은 진실이 아닐는지요.

그 공포는 영화 〈에일리언〉에서 극에 달합니다. 자신의 몸에서 낯설고 이질적인 존재가 태어나는 것에 대한 두려움을 디스토피아적인 SF영화로 담아냈는데요. 괴물 에일리언은 자신의 생명체를 부화하기 위해 우주선 '노스트로모호'에 숨어들어 사람들을 죽입니다. 왜냐하면 에일리언이 인간의 몸을 숙주로 삼아 사람의 몸을 뚫고 나오기 때문이지요. 사람의 몸에서 부화된 에일리언의 모습은 언뜻 남성의 성기와 닮았고, 에일리언이 돌아다니는 우주선이 자궁을 연상시키는 것은 섬뜩하지만 필연의 상징일 수밖에 없습니다.

그런데 에일리언이 성별을 구분하지 않고 알을 낳을 사람의 육체를 찾는다는 점에서, 대부분의 희생자가 남자라는 점에서, 임신과 출산에 대한 공포는 한계치를 넘어섭니다. 출산이 여자들만이 겪는 고통이었을 때는 그 고통의 강도를 전혀 알지도 못했던 남자들이, 그래서 혼비백산한 채 에일리언을 피하다가 죽어가는 모습은 씁쓸한 미소를 짓게 했지요.

무엇보다도 에일리언의 공격으로 아비규환이 된 우주선 노스트로모호에서 끝까지 생존한 사람이 유일하게 여성 리플리라는 점에 주목하고 싶습니다. 또 〈에일리언〉 1편에서 고양이를 구했던 '리플리'가 이어 2편에서는 어린 소녀를 구해주는 것도 눈길을 끕니다. 보살핌을 필요로 하는 고양이와 아이를 구하는 리플리의 모습에서 전사의 이미지와 함께 엄마의 이미지를 떠올리는 것은 자연스러웠지요. 동료 남자들이 에일리언에게 대부분 공격당해 죽은 것에 반해, 고양이와 아이를 구해준 전사 리플리가 유일하게 살아남은 것에 대해 페미니스트 전사의 가정으로의 귀환이라는 비판적인 시각도 있지만, 전 가부장제 사회의 폭력성을 껴안는 모성의 발현으로 보고 싶더군요.

그렇지만 신화화된 모성신화의 한계 안에서의 엄마 캐릭터란 생각은 여전히 지울 수 없습니다. 자식을 위해서라면 어떤 난관도 능히 극복해내는 슈퍼 마더라니요! 하긴 영화 〈아이 엠 마더〉의 엄마 라일리는 마약조직원들의 총격에 죽은 딸과 남편의 복수를 위해 살인자들을 목숨 걸고 쫓아갑니다. 법이 가해자들의 편이라는 걸 뼈저리게 깨닫고는 5년의 시간이 흐른 후 가해자들을 찾아가 죽이기 시작하지요.

영화 〈쓰리 빌보드〉에 나오는 엄마 밀드레드도 투사와 같은 엄마 캐릭터를 보여줍니다. 범인을 잡지 못한 딸의 살인 사건에 대한 세상의 관심이 사라지자 마을 외곽에 있는 대형 광고판에 "내 딸이 강간당하면서 죽었다" "아직도 범인을 못 잡은 거야?" 같은, 한번 보면 결코 잊히지 않을 세 줄의 문장을 실어, 딸의 사건이 아직 해결되지 않았음을 세상에 알리지요. 진한 주황색 바탕에 검은색으로 쓰인 광고판 글자들은 오래전 여성들에게 낙인찍었던 주홍글씨의 고통처럼 울부짖는 것만 같습니다. 있으나 마나 한 경찰 공권력과 방관하고 오히려 훼방 놓으며 협박하는 주위 남자들로 상징되는 가부장제 사회의 폭력을 향해 절규하는 것처럼 보였어요.

그러나 현실의 엄마들이 모두 라일리와 밀드레드처럼 투쟁하지는 못합니다. 영화 〈아직 끝나지 않았다〉에 나오는 엄마 미리엄처럼 가정폭력으로 고통 받는 엄마들이 우리 주위엔 의외로 많이 있습니다. 자녀양육권을 둘러싼 이혼소송 장면으로 시작하는 영화에서 폭력 장면은 나오지 않지만, 미리엄과 아들 줄리앙이 지닌 불안과 두려움으로 남편 앙투안의 폭력은 더 현실적으로 다가옵니다. 집으로 찾아온 남편 앙투안이 굳게 닫힌 문에 총격을 가하는 엔딩이 충격이라고 회자된다지만, 충분히 예견됐던 장면이기도 했지요.

오래전부터 알고 지낸 여성이 20년 넘게 남편으로부터 가정폭력을 당하며 살아온 사실을 최근 알게 되었는데요. 분노조절을 못해서 칼을 들고 아내와 아이들을 위협했던 남편은 평상시 평범한 가장이자 남편으로 보여졌습니다. 그녀를 대신해 112 신고를 해주고, 함께 경찰서로, 가정폭력 상담소로 동행하면서 그녀의 스톡홀름 증후군을 실감할 수 있었어요. 20년이 지나서야 남편의 폭력성을 직면했지만 여전히 남편을 두려워하는 그녀를 보며 마음이 아팠습니다. 남편은 아직도 자신의 잘못을 제대로 인정하지 않고 있는데요. 영화 〈아직 끝나지 않았다〉에 나오는 남편 앙투안과도 비슷해 보입니다. 자신이 분노조절을 못 하고 폭력을 휘두르는 것에 대해 온전하게 잘못을 깨닫고 사죄하고 변화하려고 하지 않고, 자신이 오히려 가정에서 버림받은 피해자 코스프레를 하며 아내에게 탓을 돌리는 파렴치한 모습이 말입니다.

폭력 남편 때문에 고통 당하는 엄마들이 끝까지 자식을 지키는 강인함을 발휘하기도 하지만, 그 과정 속에서 남편에 대한 분노를 자식들에게 고스란히 투사하여 2차 폭력을 가하는 경우도 흔히 찾아볼 수 있습니다. 그래서 여러 각도에서 심층적으로 바라보는 어머니 캐릭터가 지금, 우리에겐 절실히 필요합니다.

〈마더〉역시, 우리에게 너무도 익숙한 모성신화를 잔인하게 부수는 영화입니다. 배우 김혜자가 분한 엄마는 아들 도준과 단둘이 살아가는데, 도준은 스물여덟 살이란 나이에 비해 어수룩하여 세상에 잘 적응하지 못하는 아들입니다. 그래서 잊을 만하면 작은 사고들을 치는 바람에 늘 엄마의 속을 태우지요.

어느 날 한 소녀가 살해당하는 사건이 일어나고 아들 도준이 사건의 용의자로 몰리자 도준의 엄마는 아들을 구하기 위해 직접 범인을 찾아 나섭니다. 하지만 범인의 흔적을 찾아갈수록 아들이 살인자라는 혐의가 점점 확실해지자, 점점 광기로 치닫게 되지요.

영화 〈케빈에 대하여〉의 엄마와는 다르게 영화 〈마더〉의 엄마는 자식에 대한 집착으로 점점 미쳐가는 엄마를 보여줍니다. 영화를 만든 봉준호 감독은 "부모는 짐승이 되기 쉬운 것 같다"는 이야기를 한 적이 있는데요. 사랑이란 이름으로 포장한 엄마들의 집착을 날것 그대로 보여주며 묻고 있지요. 자식에 대한 부모의 사랑에 대해서요.

영화 〈메리다의 마법의 숲〉에 나오는 엄마 역시, 영화 〈마더〉의 엄마와 방법은 다르지만, 그 맥락은 동일합니다. 딸에게 '공주 수업'을 강요하기 때문인데요. 엄마 '엘리노어'는 딸이 가부장제 사회에 잘 적응하며 살기를 원합니다. 하지만 '메리다'는 예쁜 드레스보다는 말 타고 활 쏘는 것을 좋아하지요. 자신이 주체가 되는 삶을 꿈꾸는 메리다는 엄마의 교육 방식이 못마땅합니다. 비밀의 숲에 들어가 마녀에게 엄마를 바꿔달라고 부탁할 때, 메리다가 엄마가 가지 말라고 한 비밀의 숲에 금기를 깨고 들어간다는 점이 인상적이었습니다. 마법에 걸린 엄마가 곰으로 변하자 마녀의 마법을 풀고 왕국을 구하기 위해 메리다가 뛰어든 모험의 여정은, 자신이 원하는 삶을 살기 위한 하나의 통과의례처럼 보였지요.

엄마가 고생하는 모습을 보며 나는 엄마처럼 살지 말아야지,

다짐하며 결혼하지 않는 여성들이 메리다의 모습에서 겹쳐지는 것은 자연스러웠습니다. 가부장제에 오랫동안 길들여진 엄마 세대들이 딸들에게 자신들이 받은 여성혐오를 또 다르게 투사하는 모습이, 바로 엄마 엘리노어가 딸 메리다에게 자신이 살아온 대로의 삶을 강요하는 모습일 테니까요. 그들은 자신들의 신념이 딸들의 미래를 가로막는 족쇄로 채워질 줄은 생각하지 못합니다. 하지만 엄마가 마녀의 마법으로 곰으로 변하자 메리다는 스스로 자책하게 되지요.

영화 〈몬스터 콜〉에도 엄마에 대해 자책감을 느끼는 아들이 나옵니다. 아픈 엄마와 사는 코너는 학교에서 따돌림을 당하는 소년입니다. 어느 날 코너에게 집 앞의 나무가 괴물이 되어 나타나고, 나무가 들려주는 이야기를 통해 코너는 내면에 억눌러둔 엄마와의 이별에 대한 두려움이 빚어낸 분노와 슬픔과 마주하게 되어요. 시간이 지날수록 나무는 코너 자신을 위해 나타난 걸로 드러납니다. 엄마의 병이 악화되는 걸 옆에서 보면서 코너의 마음 한구석에는 고통스러운 상황이 빨리 끝났으면 좋겠다는 생각이 들었고, 그 생각은 코너에게 스스로를 탓하는 죄책감을 심어주었던 겁니다. 나무는 마음이 아픈 코너를 위해 치유의 도구로 나타난 상상의 괴물이었던 거고요.

죄책감이 흔히 자기 처벌로 드러나듯, 학교에서 반 아이들에게 괴롭힘 당하는 걸 무의식적으로 자청했던 코너에게 처음에 괴물처럼 다가왔던 공포의 나무는 시간이 흐를수록 코너의 마음을 읽어주는 이야기를 들려주지요. 영화의 반전은 엄마가 죽은 후 코너가 엄마가 어릴 적 살았던 방에서 발견한 그림입니다. 그것은 어린 시절의 엄마가 그린 그림이었는데, 그 속에 바로 코너가 만난 몬스터 나무가 있었던 거지요! 그렇습니다. 엄마의 나무는 '치유의 나무'였던 것입니다.

예로부터 나무는 동서양을 아울러 영적인 존재로 신성시되어 왔는데요. 특히 여신은 '신성한 나무'로 비유되곤 했습니다. 영화 〈아바타〉에 나오는 거대한 나무 '홈트리'는 판도라 행성에 사는 나비족이 숭배하는 나무입니다. 그들은 여신 '에이와'를 믿고 따르는데 홈트리가 그들이 모시는 에이와의 생명력이 현현된 나무라고 여기지요. 봄에 싹을 틔웠다가 가을에 풍성한 열매를 맺고 겨울이 되면 잎이 떨어져 죽어서 이듬해 봄에 부활하듯 살아나는 나무의 생리야말로, 여신 생명력을 드러내기에 가장 어울리기 때문일까요. 여신 안의 나무 앞에서 의례를 이끌며 부족의 영혼을 이끄는 샤먼이, 여자 주인공 네이티리의 어머니 모아트라라는 점에서, 나비족이 여신을 숭배하는 모계사회라는 것도 짐작할 수 있습니다.

영화 〈아바타〉에서, 인간과 나비족의 DNA를 결합해 만들어진 아바타는 링크룸을 통해서 인간의 의식으로 원격 조종할 수 있는 새로운 생명체입니다. 훼손되지 않은 풍요로운 자연을 간직한 행성 판도라에 에너지 고갈로 허기진 지구인들이 아바타 프로그램으로 찾아간다는 설정 자체가, 여신의 생명력 안에서 우리가 정말 찾아내야 할 모성을 일러주는 듯하지요.

그래서 하반신 마비 장애를 지닌 전직 해병대원 제이크가 아바타 프로그램으로 판도라의 숲속을 자유롭게 누비다가 마지막에는 새로운 생명체인 '아바타'로 부활하는 장면은, 지구의 자연처럼 훼손된 모성을 다시 복원하려는 몸짓으로 보입니다. 〈아바타〉에는 여신의 상징성들이 보란 듯이 적나라하게 등장을 합니다. 덕분에 모성을 그동안 너무도 편협하게만 한계 지어온 가부장제 사회를 만나게 해줍니다. 수천 년 전부터 세상 모든 문화에서 자신의 신을 기리고 묘사하는 데 '모성 상징'을 쓰고 있다는 점을 감안한다면, 인류의 보편적인 속성으로 인식되어온 모성을 여성에게만 묶어두어 오히려 그 모성을 훼손했다는 걸 깨닫게 하지요.

그러므로 "엄마는 위대하다"는 모성신화는, 다시 새롭게 쓰여야 할 것입니다. 그 안에서 비로소 창조적인 '엄마 캐릭터'들이 태어날 수 있을 겁니다.

10

불완전해야
찾을 수 있는 자유

먹고 기도하고 사랑하라
Eat Pray Love

라이언 머피 감독, 줄리아 로버츠 주연, 2010

토지문화관에서 한 달 간 머무르며 글을 쓴 적이 있다. 아침에 창문을 열면 순한 능선의 산이 에워싼 곳에서 하루 세끼 밥을 챙겨 먹는 일을 비롯한 일상을 신경 쓰지 않고 온전히 글만 쓸 수 있는 것이 감사하기만 했다. 그런데 추석이 가까워오자 기혼여성 작가들 사이에서 걱정 섞인 대화가 오고가기 시작했다. 각종 다양한 전 부치기, 송편 빚기 등 추석 음식 준비를 거대한 해일이 오는 것에 비유한 어느 작가의 말은, 차라리 시적詩的이었다.

연휴 동안 문을 닫는 식당 덕분에 다양한 햇반과 컵라면으로 일주일을 보내야 했지만, 그래서 기름진 전과 송편은 못 먹었지만, 좋았다. 오히려 더 집중해서 글을 쓸 수 있겠다는 생각이 들었다. 그런 마음을 '홀가분'이라고 표현해도 무방하겠다. 추석 연휴 기간에 집에 가지 않고 토지문화관에 남은 작가들은 대부분 결혼제도 밖에 있는 사람들이었고, 그런 우리들의 상황을 기혼여성 작가들은 내심 부러워하거나 자유롭다고 생각하는 것 같았다.

명절이 끝난 뒤 이혼율이 늘어난 것은 어제오늘의 일이 아니다. 법원행정처의 자료에 의하면 2018년 10월 접수된 이혼소송 건수는 3,374건으로 직전 달인 9월에 접수된 이혼소송 2,616건보다 무려 29%가 많은 이혼신청이 접수되었던 것이다.

이런 분위기에 힘입어 결혼을 선택하지 않는 여성들도 점점 늘어나고 있다. 매년 찾아오는 명절 후유증만 있을까. 여성을 남성보다 하위 존재로 상정한 채 차별하는 인습이 일상 구석구석 뿌리 깊게 박힌 한국 사회에서 여성들이 결혼을 기피하는 것은 어쩌면 당연한 일이지 싶다. 명절이면 집을 뛰쳐나오고 싶은 기혼여성들이 해마다 늘어나고 있으니 말이다.

✖ 나 스스로만을 위한 진짜 여행

〈먹고 기도하고 사랑하라〉의 주인공 리즈에게는 명절 공포증도, 잔소리하며 괴롭히는 시어머니도 없다. 마음만 먹으면 해외여행을 훌쩍 다녀올 정도로 경제적인 여유도 있는 그녀는 성공한 작가다. 다만 리즈가 번 돈으로 놀이를 하듯 습관적으로 사업을 벌였다 접는 철없는 남편 때문에 힘들다. 한밤중에 욕실 바닥에 무릎 꿇고 흐느끼며 신에게 도와달라는 기도를 하던 그녀는, 지금 살고 있는 삶이 과연 진짜 자신이 원했던 삶일까, 걷잡을 수 없는 회의에 빠져든다. 그래서 리즈는 진짜 자기 자신을 찾기로 결심한다. 남편과 이혼을 하고 새 연인 데이비드와의 관계도 삐거덕거리자 일 년 동안의 해외여행을 무작정 떠난다. 이탈리아에서 즐겁게 먹고 마시고, 인도와 발리에서 마음을 치유하는 일명 '먹고 기도하고 사랑하라 여행'이다.

듣기만 해도 즐겁고 신나는, 어찌 보면 배부른 자의 여행이라고 볼 수도 있겠지만, 나는 그녀의 심정을 십분 공감할 수 있었다. 리즈와 같이 남부러울 것 없어 보이는 여성조차도 가부장제 사회에서 느낄 수밖에 없는 결핍이 무언지 알 수 있었기 때문이다.

그것은 있는 그대로 자신을 받아들이고 사랑할 수 없게 만드는 세상으로부터의 탈출이 분명해 보인다. 리즈는 자신이 살아가는 모습이 진짜 같지 않다고 말하는데, 그 고백이야말로 자신의 진짜 욕망대로 살아가지 못하는 여성들의 수많은 마음을 대변하는 것처럼 느껴졌다.

이탈리아 여행 중에 살이 찔까 봐 먹음직스러운 피자를 앞에 두고 먹지 못하는 여자 친구에게 리즈가 "남 시선 신경 쓰지 말고 한 번쯤은 온전히 나 스스로만 위해 보라"고 충고했던 것 역시 그동안 자신이 지키지 못했던, 그래서 이제부터는 스스로에게 다짐하던 말이 아닌가. 하지만 모임에서 "리즈! 당신과 무슨 단어가 어울리는 것 같아요?"란 질문을 사람들에게 받았을 때 난감한 표정을 짓는 그녀는 아직은 진짜 자신을 찾지 못한 듯하다. 그녀가 자신과 어울리는 단어로 대답하는 것이 누군가의 딸, 누군가의 부인, 누군가의 여자 친구였기 때문이다. 그나마 좀 더 발전한 대답이, 자신의 직업인 작가라니!

그러자 처음 질문을 던진 이는 리즈에게 화두를 던져주듯, 받아친다.

> "그건 직업이잖아요. 작가가 당신, 리즈는 아니잖아요."

결국 그녀는 "진짜 자신을 찾아 헤매고 있는 여자"로 대답하며, 자신을 있는 그대로 받아들이기 시작한다.

✖ 타인에 의해 내 가치가 정해진다는 가짜 믿음

'나'에 대한 질문을 하면, 리즈처럼 난감한 표정을 짓는 여성들을 워크숍에서 자주 만난다. 행복했던 순간들을 떠올리다가 놀라는 여성들을 만나는 일도 적지 않다. 내가 이런 순간에 행복을 느꼈구나, 내가 이런 것들에 행복을 느끼는구나, 깨닫고 미소 짓고, 심지어 눈물까지 보이는 여성들을 만날 때면, 주위 사람들이 원하는 것에는 신경 쓰면서도 정작 자신이 원하는 것에는 둔감함을 강요당했을 지난 시간들이 겹쳐져 안쓰러움이 인다.

심리상담가인 미리암 그린스팬Miriam Greenspan은 가부장제 사회에서 분열할 수밖에 없는 감정에 관한 의미심장한 이야기를 했다. 어렸을 때부터 감정적이지 않아야 한다는 세뇌를 받아온 남자들은 남성다움을 맹목적으로 따르며 스스로의 감정을 학대하게 된다고 말이다. 그에 반해 여성은 타인의 감정에는 민감하게 반응하도록 교육받지만, 자기 자신이 원하는 것에 대해서는 오히려 정반대로 행동할 것을 강요당한다고 이야기한다.

특히 여성은 자신의 몸에 대해 스스로 민감하기보다는, 타인의 관심과 열정을 낚는 도구로 몸을 사용하도록 은연중 세뇌당한다고도 주장한다. 오랜 세월 가부장제 사회가 여성들에게 주입한 성차별주의 가치로 인해, 여성들은 자신의 가치가 외모에 있으며, 특히 남자들에 의해 괜찮아 보인다고 인정받는 것에 따라 스스로의 가치가 정해진다는 암묵적인 믿음을 갖게 된다는 것이다.

주인공 리즈가 진짜 자신을 찾기 전까지도 그러하지 않았나. 타인의 요구에는 민감하지만, 정작 자신이 진짜 원하는 것에는 귀를 막고 살며 누군가의 딸, 누군가의 아내, 누군가의 여자친구로서 안주했듯이. 남편 스티븐에게 늘 자신을 퍼주며 돌봐주기를 자처했던 아내로 말이다.

성공한 작가로 살아가는 것처럼 보이지만, 주체로 서지 못하고 늘 누군가에게 속한 객체로 살아갔던 그녀는 진짜 삶을 살고 있지 않다고 느꼈다.

✖ "여자가 왜 혼자 다니냐?" 무례한 질문들

나를 찾는 여행은 순조롭지만은 않다. 왜 혼자 다니냐? 왜 결혼은 안 하냐? 언제 남자를 만날 거냐? 리즈는 여행지마다 호기심에 찬 사람들의 무례한 질문을 받는다. 여성에게 늘 남자가 필요할 것이라는 인식, 남편이나 애인이 없는 여성은, 특히나 그 여성이 나이가 많다면, 아주 외롭고 소외된 여성일 거라는 선입견은 세상에 여전히 충만하다.

우리 사회의 40대 이하 사람들 중 52.8%가 1인 가구라고 하니, 비혼은 일반적인 생활 형태가 되어가고 있다. 비혼의 이유도 과거에 비해 다양해졌다. 경제적인 이유뿐만 아니라, 가부장적인 결혼제도에 들어가고 싶지 않거나, 결혼하지 않은 채 아이를 낳고 싶어서, 이혼과 사별 때문 등, 그 범주도 넓어지고 있다.

하지만 비혼非婚을 대하는 사회적인 인식은 여전히 편견에 차 있다. 뭔가 모자란다는 비정상 취급을 받을뿐더러, 기혼으로 가기 위한 하나의 유예된 과정으로 보는 것이 태반이다. 자발적인 비혼이 많아지는 추세인데도 불구하고 말이다.

8년 전 시골로 이사 가던 날, 이삿짐센터 남자 직원은 '왜 혼자 사냐? 왜 결혼은 안 하냐?'는 등 초면에 무례하리만치 질문이 많았다. 결혼이란 제도가 나에게 안 맞는 것 같다고 대답하자, 그의 잣대에 의해 내가 무책임하고 철이 안 든 이기적인 여자가 된 것은 아주 순식간이었다.

'여자니까 그렇지' 하는 여성혐오가 비혼 여성들에게는 이중으로 부과되어 있는 셈이다. 여성인 것도 모자라 결혼제도 밖의 여성이라니! 지극히 가부장적인 한국 사회에서 바라볼 때 이 여성들은 문제를 일으키기에 충분한 주범일 뿐만 아니라 여성을 순종적으로 길들이려는 가부장적인 결혼제도에 편승하지 않았기 때문에 분명 이기적이고 까칠할 것이라는 편견도 여지 없이 작용한다.

✖ 불완전한 자신을 용서하라

그러나 기혼과 미혼이라는 양 축으로만 달리던 시대는 깨진 지 오래다. 우리에게 필요한 것은 나와 다른 것을 받아들이는 열린 마음이 아닐까. 정말 중요한 것은, 불완전하지만 자신을 있는 그대로 받아들이고, 스스로를 사랑하는 일이 아닐까.

"행복은 애써 먼 미래에서 찾는 게 아닌 있는 그대로 지금 여기 이 순간에 있다"는 영화 속 대사는 세계 이혼율 1위를 자랑하고, 그 것도 모자라 세계 자살률 1위도 놓치지 않는 나라에 사는 우리들에게 제발 외피를 보지 말고 이젠 본질을 보라고 말하는 것 같다.

발리에서 만난 스승 '케투'가 리즈에게 해주는 충고 역시, 비혼 여성에 대한 편견이 많은 우리 사회의 굳은살을 녹이는 깊은 울림의 말이다.

"때로는 균형이 깨져야 삶의 더 큰 균형을 잡을 수 있어요."

진짜 나를 찾기 위해, 지금도 눈부시지만 험난한 길 위에 서 있는 수많은 여성들에게 해주는 귀한 조언이 아닐 수 없다.

〈먹고 기도하고 사랑하라〉를 더 잘 읽기 위한 영화미학

엘리자베스 길버트Elizabeth Gibert의 자전소설을 바탕으로 한 영화 내내 흐르는 이탈리아와 인도, 발리의 자연과 문화 풍광은 그 자체로 풍성하고 아름답다.

첫 여행지인 이탈리아에서 이탈리아 사람들 특유의 '달콤한 게으름'을 보며 그동안 자신을 몰아세운 채 일하며 소진했던 삶을 되돌아보게 된 리즈는 남자와의 관계에서도 집착하며 자신 안의 허기를 관계를 통해 채우려 했던 스스로를 깨닫게 된다. 오래전 로마황제 아우구스투스가 만든 아우구스테움에 가서 한때 찬란했던 공간이 화재와 노략질로 파괴되었지만, 시간이 흐르면서 투우장으로, 또 쉼터로 변하는 것을 목도하는 장면은 그런 점에서 의미 있다. 세상 모든 것이 영원하지 않다는 것, 하지만 파괴가 끝이 아닌 새로운 변화로 가는 과정임을 보여주는데, 이는 남자와의 관계가 깨어지는 것을 두려워했던 리즈가 자신을 직면하는 계기가 된다. 파괴가 있어야 변화가 있음을 깨달았다는 편지글을 통해서 그녀의 성장을 짐작할 수 있다.

두려움에서 벗어난 리즈가 기도와 명상을 배우기 위해 건너간 인도의 신을 살펴보는 것도 흥미롭다. 인도에서 파괴의 신 시바가 가장 추앙받는 이유가 파괴만이 창조를 가져올 수 있기 때문인데, 이는 이탈리아 아우구스테움에서 리즈가 발견한 파괴의 미학과 그 맥을 같이한다. 시바신의 형상인 마하칼라의 검은색이 모든 색을 빨아들이는 색으로, 모든 존재를 받아들이는 상징적인 의미를 지닌다는 점에서 리즈의 심리 상태와 겹쳐지는 것이다. 인도에서 기도하며 리즈는 비로소 스스로를 용서하며 자신 안의 모든 것을 있는 그대로 받아들이게 된다.

　마지막 여행지 발리에서 리즈는 자신과 같이 이혼의 아픔을 지닌 남자 '펠리프'와 사랑에 빠지지만, 힘들게 구축한 내면의 평화가 또다시 남자로 인해 깨어질 것 같아 두렵다. 하지만 때로는 균형이 깨져야 삶의 더 큰 균형을 잡을 수 있음을 깨닫고 용기를 낸다. 진짜 나를 찾기 위해서는, 익숙한 모든 것으로부터 떠날 수 있는 용기가 필요함을 리즈는 행동으로 보여주고 있다.

11

여성혐오가 없는 세상은
어떤 모습일까?

안토니아스 라인

Antonia's Line

마를린 호리스 감독, 빌레케 반 아멜루이 주연, 1995

몇 년 전 여중생 두 명을 집단 성폭행했다가 5년 뒤 범행이 드러 난 가해자들이 항소심에서도 실형을 선고받았다. 재판부에서는 "사 람이 할 수 있는 일과 없는 일이 있는데, 피고인들이 사람이 할 수 없 는 일을 했다고 본다"며 실형을 선고했다. 당시 가해자들은 고등학교 1학년이었고, 피해자인 여학생들은 중학교 1학년에 불과했다. 밤에 산속으로 끌고 가서 성폭행을 저질렀고, 전화로 친구들을 불러내어 두 여학생을 또 성폭행하게 했다. 그때 현장에 있던 남학생들은 무려 열한 명이나 되었다.

그런데 판결에 불만을 품은 남학생의 일부 부모들이 법정에서 소란을 피웠다. "젊은 애들이 무슨 잘못이 있느냐"고 억울함을 호소 했다고 한다. 그 뉴스를 보며 그들의 행태가 세상의 악을 압축해 보 여준다는 생각이 들었다. 성폭행을 한 가해자 남자에게 도망갈 수 있는 면죄부를 주고, 피해자인 여성을 오히려 죄인으로 만들어버리는 가부장제 사회 말이다. 자신을 성폭행하기 위해 남학생들이 줄 서 있는 것을 보며 일제시대 군 '위안부'가 떠올랐다는, 그래서 결국 학교까지 자퇴하고 자살 시도까지 한 피해자의 고통은 전혀 안중에도 없는.

✖ 타인을 존중하는 무계급 모계 공동체

〈안토니아스 라인〉에도 가부장제 사회에서 고통 받는 여성들이 나온다. 안토니아는 어머니의 임종을 지키기 위해 2차 세계대전이 끝나자 열여섯 살 된 딸 다니엘을 데리고 고향으로 간다. 안토니아의 어머니는 30년 전 죽은 남편을 저주하며 숨을 거둔다. 가부장제 사회에서 살아가는 여성들의 묵은 상처가 압통처럼 느껴지는 장면이 아닐 수 없다.

어머니의 농장을 물려받고 고향에 정착한 안토니아는 홀아비 바스에게 청혼을 받지만 거절하고 평생 서로의 삶을 방해하지 않는 연인 관계로 남는다. 그림을 그리는 딸 다니엘도 결혼하지 않고 원하던 아이만을 낳는다. 네 살 때부터 철학을 논할 만큼 천재인, 다니엘의 딸 테레사 역시 마찬가지다. 그녀도 결혼하지 않고 딸 사라를 낳는다.

안토니아가 딸 다니엘과 처음 마을에 나타났을 때, 그들은 마치 잘못 끼워진 단추처럼 눈에 띄는 '다른 존재들'이었다. 하지만 안토니아에서 사라에 이르기까지, 어머니에서 증손녀로 이어지는 4대의 모계 가족을 당당히 이루어낸다. 마치 "아브라함이 이삭을 낳고 이삭은 야곱을 낳고 야곱은 유다와 그의 형제를 낳고"로 이어지는 성경의 계보를 보는 착각도 불러일으킨다. 그뿐인가. 안토니아는 마을 사람들까지 품어 공동체를 만든다.

그들은 마을에서 은근 왕따를 당하는 홀아비 바스를 비롯하여, 친오빠에게 성폭행 당한 대지주의 딸 '디디', 전쟁 후에 허무주의 철학자가 된 안토니아의 소꿉친구 '굽은 손가락' 등 그동안 마을에서 상처받고 소외받아온 사람들이다. 이는 안토니아가 농장에서 이룬 작은 모계사회가 제도권 밖의 소수자들까지도 품어주는 세상이란 걸 말해준다.

철학자 뤼스 이리가레Luce Irigaray는 여성이 남성과는 다르게 "나와 다른 것을 받아들일 수 있는 문화를 갖고 있다"고 이야기한 바 있다. 자신의 몸 안에서 태아라는 '타자'에게 생명과 성장을 허용하는 임신 과정 자체가, 차이를 배제하고 계급 서열상으로 구분된 남성 중심의 가부장제 문화와는 다르다고, 자신의 몸속에 '타자'를 품을 만큼 여성의 몸이 차이를 존중한다고 보았던 것이다. 이 관점으로 봤을 때 오래전 모계사회가 원시공산주의사회로 불린 이유를 충분히 짐작할 수 있다. 어머니를 중심으로 핏줄과 종족이 구분되었던 모계사회는, 서로의 다름을 존중하며 공생하는 무계급 사회였기 때문이다.

그러나 생산물이 풍부해지면서 독점을 지향하게 된 가부장제 사회는 모계사회와는 다르게 차이 속에서 비교를 낳았다. 이는 여성들로 하여금 스스로를 있는 그대로 받아들이지 못하게 만든 기제로 작용했다. 더 나아가 여성혐오를 사회 전반에 끊임없이 주입시켰다. 그것은 모계사회처럼 차이를 존중하며 공생하는 관계로서 여성을 바라보지 않고, 여성을 남성보다 낮은 서열로 사전에 지정한 채 남성 안의 결핍을 투사한 결과다.

얼마 전 동네 치킨가게 앞을 지나가며 본 광고판은 가부장제 사회가 규정하고 통제하는 여성들을 떠올려주었다. 닭다리, 가슴살, 닭날개의 사진이 있는 광고판에서 자유로이 뛰어노는 닭은 더 이상 찾을 수 없는 것처럼, 부위별로 해체된 닭처럼, 여성의 몸은 오랫동안 남성 중심적인 시각으로 분열적으로 대상화되어오지 않았는가.

그래서 가부장제 사회에서 여성을 부르는 이름들은 결코 순수하지 않다. 남성 안의 욕망과 결핍이 투사된, 오염된 이름들을 우리는 지금도 전통이라는 이름으로, 관습이라는 명목으로 부르고 있는 것이다.

✖ 남성의 욕망과 결핍이 투사한 '여성혐오'

영화에서 성추행을 일삼는 마을의 가톨릭 신부는 안토니아의 딸인 다니엘이 결혼하지 않고 임신하려고 하자, 미사 시간에 성경 구절을 인용하며 안토니아 모녀를 비난한다. 가톨릭 신부들이 오랫동안 아동성추행을 해온 것은 익히 알려진 사실이다. 오래전 다녔던 교회의 한 여자 목사는 교회에서 당했던 성폭행의 아픔을 고백하기도 했다. 성폭행한 사람은 그녀가 결혼 전 전도사로 있었던 교회의 담임 목사로, 그가 자신의 생존을 손에 쥔 권력자였기에 침묵할 수밖에 없었다고 했다. 매일 밤 울면서 신에게 가해자 목사를 용서해달라고, 또 자신이 그를 용서할 수 있게 해달라는 기도밖에는 할 수 없었던 이야기에, 종교에 환멸을 느꼈다.

성폭력을 저지르는 목사, 신부들은 대부분 여성 신도들에게 순전함과 헌신을 강조한다. 영화의 성추행 장면을 보며 기시감을 느낀 것은, 한국의 남자 성직자들이 성직자란 권위를 이용해 여자신도들에게 성폭력을 가하는 소식을 뉴스에서 종종 만날 수 있기 때문이다. 그들은 영화 속 신부처럼 유별나게 금욕과 순결을 강조하며 타인을 쉽게 죄인으로 판단하고 비난한다.

그래서 들여다보고 또 들여다보아야 한다. 여성 안의 생명력을. 있는 그대로의 여성 존재의 아름다움을 가부장제 사회가 오랜 시간 동안 어떻게 훼손했는지. 이 작업이 중요한 이유는, 가부장제 사회가 여성들로 하여금 끊임없이 여성 스스로를 혐오하게 만들기 때문이다. 자신의 존재 자체를 있는 그대로 사랑할 수 없는 것은, 우울과 신경증의 전조다. 페미니즘을 공부하며 들었던 자각 중 하나는, 유교문화에서 성장한 한국 여성들 대부분이 이중의 억압을 받고 있으며, 그 억압을 넘어서 자유로워지기 위해선 기존에 우리가 이미 익숙하게 알고 있는 것에 근본적인 의문을 갖고 매 순간 질문을 던질 필요가 있다는 것이었다.

특히 여성의 몸에 관하여 가부장 문화가 이름을 붙이고 평가하는 것에 여성들 스스로 길들여진 경우가 많다. 몇 해 전 어느 모임에서 청소년기를 훌쩍 넘어선 성인여성들이 남자들에게 보이면 큰일이라도 날 것처럼 호들갑을 떨며 생리대를 마치 밀수품처럼 전달하는 모습은, 그래서 많이 안타까웠다. 별것 아닌 일로 넘길 수도 있지만, 그 상황이 머릿속에 남았던 것은, 월경은 결코 부끄러운 일이 아니기 때문이다.

오랜 세월 동안 월경은 불결하고 위험한 것으로 간주되어왔다. 여성들이 월경을 하기 때문에 부정을 탄다고 믿었고, 여성이 남성보다 열등한 존재이기 때문에 한 달에 한 번 피를 흘린다고 생각했다. 중세시대에 월경은 '타자'를 규정하기 위한 도구가 되기도 했다. 서로 배척하던 유대교인과 가톨릭 신자가 서로 자신들이 더 정결하고 바른 믿음을 갖고 있다는 것을 증명하기 위해서 이미 불결한 것으로 간주되던 월경을 서로에게 투사했던 것이다. 서로를 '타자'로서 비난하기 위하여 상대가 월경을 한다고 주장하며 급기야 월경하는 남자를 만들어내는 우스꽝스러운 일까지 일어났다.

하지만 시간을 더 거슬러 올라간 모계사회에서 월경은 생명을 퍼뜨리는 가능성으로 존중받았다. 남성과 달리 임신과 출산을 할 수 있다는 것은 매우 중요한 일로 여겨졌으며, 월경 중인 여성 혹은 출산하게 되는 여성들을 공동체에서 보호해주는 것도 공생하기 위한 자연스러운 순리였다.

열네 살 때 처음 마주한 팬티의 혈흔이 당혹스럽기만 했던 초경의 기억이 내게도 있다. 월경은 부끄럽고 불편하고 두려운 것으로만 다가왔다. 하지만 그날 밤 기대하지도 않았던 가족들의 축하를 받자,

월경이 여성의 권리이자 축복이라는 사실을 희미하나마 알 수 있었다. 그 자각은 시간이 흐를수록 단단해져갔는데, 몸속에 달이 차고 기우는 자연의 순리를 지닌 여성 존재를 알아갈수록(월경의 어원이 달이 뜨고 지는 현상에서 연유된 것으로 여성의 월경 주기가 달의 변화 주기와 같다는 것은 오래전부터 알려져온 사실이 아닌가), 여성만이 지닌 존재의 아름다움을 발견할 수 있었다. 그것은 임신을 하든 안 하든, 월경을 하는 자궁을 가진 존재라는 사실 그 자체로 받을 수 있는 존재의 축복이었다.

영화를 보며 마음 한구석이 묵직했던 것은, "내 안의 숨은 아름다움을 발견하라"고 안토니아가 여성들에게 내내 외치고 있었기 때문이다. 그곳으로 가는 과정이 절망스럽게만 보여도 결코 포기하지 말라고, 그 모험의 과정을 거쳤을 때 더 단단해지고 아름다워질 수 있다고, 이십 년의 세월을 건너온 영화는 나에게 말하고 있었다.

✖ 가부장제를 벗어나 얼마나 행복할 수 있는지!

이십 년 전 처음 이 영화를 보았을 때 급진적으로만 보였던 이야기는 이제 현실로 드러난 지 오래다. 안토니아의 딸 다니엘이 결혼하지 않고 아이만 갖겠다고 하자, 안토니아가 딸과 함께 도시로 나가서 남자를 찾아주고, 다니엘이 임신 계획을 숨긴 채 하룻밤 잠자리에 성공하여 딸 테레사를 낳는 장면이 그러했다. 결혼하지 않은 여성이 아이만 낳아 가정을 이루는 현상이 이미 유럽에서는 평범하게 받아들여지고 우리 사회에서도 비혼 여성들이 늘어나는 추세가 아닌가.

영화는 가부장제의 결혼제도를 벗어나서도 여성들이 얼마나 행복하게 살아갈 수 있는지, 또 얼마나 창조적으로 사랑하며 살아갈 수 있는지 보여준다. 또 그것이 충분히 현실 가능하다는 걸 오랜 시차를 넘어선 지금, 보여준다. 연어가 반짝이며 강을 거슬러 올라가 귀향하듯, 아주 오래전 모계사회로의 회귀를 말해주고 있는 것이다.

차이를 존중하지 않고 동일성을 요구하는 폭력적인 가부장제 사회가 이분법적으로 지정한 '정상 가족'의 범주를 벗어난 다양한 공동체들이 요구되고 있는 현실을 보여주고 있는 것이다.

그 공동체들의 정신적인 뿌리가 되어주는 것은, 약하고 소외받는 타자들까지 껴안아 더 큰 공동체를 이뤄나갔던 모계사회의 정신이다. 그래서 페미니즘은, 사람이 사람답게 살아가는 지평을 넓혀주는 휴머니즘의 또 다른 이름이다.

안토니아가 죽음을 맞는 장면에서, 사람이 죽으면 어머니의 자궁으로 다시 돌아가 달처럼 다시 태어난다는 고대 현인들의 이야기가 떠올랐다. 안토니아의 죽음이 오래전 죽은 모계사회의 부활을 약속하는 것처럼 내게는 다가왔다. 어느 날 염세주의 철학자 '굽은 손가락'이 죽자, 슬픔에 잠긴 증손녀 사라에게 할머니 안토니아의 해준 말은, 그 약속을 더욱 확신할 수 있게 해주었다.

> "완전히 죽는 것은 없단다. 항상 무언가는 남기게
> 되어 있지. 또 새로운 것이 생겨나기도 하고."

그렇다. 죽음은 끝이 아니요, 탄생을 위한 또 다른 살아냄이다. 막다른 끝에 도달한 가부장제 사회의 대안으로, 우리가 타자와 공생했던 모계사회를 꿈꾸며 혁명해야 하는 것도 그런 연유다. 마지막에 등장한 자막은 희망의 전조등이 되어 그 길을 밝혀줄 것이다.

"이 긴 세월 동안의 경험으로 결론에 도달했지만,
그 무엇도 끝나지 않았다."

〈안토니아스 라인〉을 더 잘 읽기 위한 영화미학

마를린 호리스Marleen Gorris 감독이 직접 각본을 쓰고 연출을 한 페미니즘 영화의 고전 〈안토니아스 라인〉은 마술적 리얼리즘 기법을 통해 현실과 환상의 경계를 허물어 새로운 의미를 만들고 있다. 현실과 환상을 넘나드는 마술적 리얼리즘이 20세기 중남미 문학에서 독재 치하의 고통스러운 사회 현실을 전복시키기 위해 등장한 점을 주목하는 것은, 영화에서도 절망스러운 현실을 넘어서고 싶은 갈망으로 이 기법이 사용되고 있기 때문이다.

장례식 중에 죽은 할머니가 갑자기 일어나 노래를 부른다든지, 천사 동상의 날개가 파렴치한 신부를 밀어서 넘어뜨리는 장면들이 그러한데, 이는 안토니아의 딸 다니엘의 시선으로 포착이 된다. 그림을 그리는 예술가 다니엘을 통해 여성들의 욕구를 반영한다는 점에서, 현실과 환상의 경계를 허물며 동시에 감독의 이상도 보여준다.

아이들의 기쁜 탄생으로 이어지던 영화는 후반으로 갈수록 수많은 죽음을 보여주며 인생의 슬픔과 허무함을 드러낸다. 이는 영화의 처음과 끝을 안토니아의 죽음으로 채운 의도와도 맥을 함께한다. 삶과 죽음이 동떨어진 것이 아니라 연속선상에 놓여 순환하다는 진실을 전해주며, 모계사회의 부활 또한 역설적인 징조로 보여주고 있다.

안토니아가 농장의 밭에 씨를 뿌리는 장면이 반복해서 보여지는 것도 눈여겨볼 필요 있다. 이는 안토니아에서 사라에 이르기까지 4대에 걸쳐 이어진 생명력을 상징하며, 다시 모계사회로 가기 위한 작지만 단단한 희망을 만드는 의미로 다가오기에. 땅에 씨앗을 뿌리듯 타자와 나누는 모계사회를 역동적으로 보여주는 장면이 아닐 수 없다.

12

우리에게는
이름이 필요하다

블루 재스민
Blue Jasmine

우디 알렌 감독, 케이트 블란쳇 주연, 2013

중년여성 재스민은 명품으로 온몸을 휘감고 날마다 파티를 여는 뉴욕의 상류층 여자다. 그러나 남편의 외도를 알게 되면서 그녀의 삶은 무너진다. 더구나 이혼 후 알고 보니 남편이란 사람은 억대의 돈을 횡령한 사기꾼이었다. 하루아침에 빈털터리가 된 재스민은 그나마 유일하게 기댈 수 있는 동생 진저에게 간다. 그러나 샌프란시스코의 삶도 녹록치는 않다. 차이나타운에서 슈퍼마켓 계산원으로 일하는 진저와 그녀의 남자친구 칠리의 삶은 재스민이 보기에는 전형적인 '루저'의 삶처럼 보인다.

삶은 완벽히 달라졌다. 그녀는 더 이상 뉴욕의 상류층 여자가 아니다. 하지만 귀족에서 갑자기 평민으로 신분 하락을 한 듯한 현실을 도저히 받아들일 수 없다. 그녀에게 현실은 결코 인정하고 싶지 않은, 차라리 환상과도 같다. 현실을 인정하지 않고, 현실 너머 과거에 누렸던 욕망의 세계만을 꿈꾸고 싶은 재스민은 욕망이라는 이름의 전차에서 하차하고 싶지 않다.

자신을 다시 상류사회로 진입시켜줄 가능성이 있어 보이는 훈남 외교관 드와이트와 로맨스가 싹트기 시작할 때, 자연스레 그에게 거짓말을 하는 재스민의 표정은, 그래서 그 어떤 때보다도 진실해 보인다. '외과의사 남편과 사별한 인테리어 디자이너'라는 거짓 포장은 재스민에게 욕망을 실현할 수 있는 마지막 기회처럼 보인다. 하지만 재스민이 드와이트와 함께 (인테리어 조언을 해주기 위해) 호화롭지만 가구가 아직 들어오지 않은 텅 빈 집을 함께 구경하는 장면은, 그녀의 과거와 현재가 어쩌면 다르지 않고 같았던 것은 아닐까, 의구심을 불러일으킨다. 전남편이 재스민에게 크고 화려한 집을 통째로 선물해주던 장면에서도 역시 집은 텅텅 비어 있었던 것이다.

✖   자기 스스로의 욕망에 솔직해본 적 없는 '우리들'

영화 내내 재스민의 얼굴은 텅 빈 집을 닮아 있었다. 가부장제 사회를 살아가는 여성들에게서 '재스민의 얼굴'을 발견하기란 어렵지 않다. 워크숍에 온 30대 후반의 한 여성은 메마른 삭정이 같은 표정으로 첫 수업에 들어왔는데, 그다음 수업 때 이혼 후 성형중독에 빠졌다는 고백을 했다. 외도를 한 남편이 책임이 있는 배우자임에도 불구하고, 결혼 후 자신이 자기관리를 못해 몸무게가 불어나서 남편이 떠났다고 생각하며 오랫동안 자책과 우울에 빠져 있었다. 그 공허와 결핍을 채우는 방법으로 다이어트를 하고 성형수술을 한 그녀는 재스민처럼 현실을 인정하지 않았다. 남편이 다시 돌아올지도 모른다는 헛된 기대를 품은 채 현실을 인정하지 못한 채, 이혼 후 새로운 삶을 시작하지도 못한 채 유예된 삶을 살아가고 있었다.

하지만 글쓰기를 통해 그녀는 자신이 정말로 원하는 것이 전남편과의 재결합이 아닌, 진짜 자신을 찾는 것임을 발견해갔다. 전남편과의 재결합을 은연중에 꿈꿨던 것이 실은 전남편을 사랑해서라기보다, 이혼녀에 대한 세상의 차가운 시선이 두려웠기 때문이었다는 걸 알게 되었다. 그 후 그녀는 더는 성형을 하지 않았다. 이제는 세상이 원하는 욕망이 아닌, 자신이 정말로 원하는 욕망에 충실하며 살아갈 수 있게 되었다.

어디 그녀뿐일까? 남성 중심의 가부장제 사회에서 여성들은 재스민처럼, 자신이 정말 원하는 것을 모른 채 타인의 눈에 비친 자신의 모습만을 욕망하며 살아가기 쉽다. 정신분석학자 자크 라캉Jacques Lacan식으로 표현하자면, 재스민의 욕망은 늘 '타자의 욕망'이었다. 사실 그녀는 이제껏 살아오면서 욕망의 주체가 되어본 적이 한 번도 없었다. 왜냐하면 가부장제 사회에서는 남성이나 남성다움이 긍정적인 규범으로 세워지는 반면에 여성이나 여성다움은 부정적인 타자로 간주되기 때문이다.

주체로서의 삶이 아닌 타자의 삶은 스스로 진짜 원하는 것을 알려고 하지 않는다. 아니, 알려고 시도도 하지 않은 채 세상에서 '꿈'이라고 유통되는 다른 사람들의 욕망만을 따라갈 뿐이다. 지하철 광고

판을 도배하고 있는 성형수술 광고들은 마치 타자의 욕망을 나의 욕
망처럼 전시해놓은 진열대와도 같다. 외모지상주의와 결탁한 가부장
제는 지금도 한국의 재스민들을 대량 생산하고 있는지도 모르겠다.

위험한 것은, 세상이 추구하는 욕망에 익숙해지면서 스스로 욕
망 자체가 되어버린다는 것이다.

"난 꿈이 없었어."

동생 진저가 파티에서 만난 남자와 모텔에서 섹스를 하는 동안,
어린 조카들을 돌봐주면서 난 꿈이 없었다고 이야기하는 재스민의
무심한 얼굴은, 평생 타자로 살아온 그녀를 말해준다. 어린 시절 피
한 방울 섞이지 않은 동생 진저와 함께 양부모에게 입양되었던 재스
민에게 삶은 그 누군가의 인생을 대신 살아주는, 타자의 욕망을 반영
해주어야만 살아남을 수 있었던 삶은 아니었을까. 가구가 미처 들어
오지 않은 텅 빈 집은 재스민, 아니 재스민을 닮은 수많은 여성들의
헛헛한 얼굴인 것이다.

✖   자신의 이름이 필요한 여성들

워크숍에서 만난 또 한 여성은 대학에 들어가자마자 집안의 가
장 역할을 하게 되면서, 어느 순간부터 가족들의 힘든 감정까지도 책

임지게 되었던 여성이었다. 그 결과 주위에서 '착한 딸' '착한 여자'로는 칭찬받았지만, 자신의 마음은 보살피지 못해서 결국 우울증에 걸린 그녀는 '나'를 주제로 글쓰기를 할 때 "자신에 대해 아는 게 별로 없는 것 같다"며 막막해했다.

타자의 욕망대로만 살아가는 것이 위험한 것은, 진짜 나를 잃어버리기 때문이다. 그리고 진짜 나로 살지 못할수록, 현실과 환상의 낙차는 점점 벌어지고, 간극이 벌어질수록 가상현실에 대해 치러야 하는 대가는 커져버린다. 현실과 환상, 그 간극의 차이만큼 절망도 비례하기에, '진짜 나', 현실로 돌아오는 길을 영영 잃어버릴 수도 있다.

연극배우가 무대에 처음 서면 긴장한 나머지 객석을 쳐다보기도 힘들뿐더러 관객들이 감응하는 분위기도 감지하기 힘들지만, 무대에 계속 오를수록 여유로워지면서 자신에게 다가오는 모든 감정을 있는 그대로 음미할 수 있다고 한다. 무대에 오르기 직전, 긴장과 불안, 설렘 등의 수많은 감정들이 마음에서 회오리치는 걸 느끼며 그 감정들 스스로 잠잠해지길 기다릴 줄 알게된다. 그제야 관객들과 눈맞춤하며 연기를 할 수 있는 배우가 느끼는 감정은 아마도 '살아 있음'이 아닐까?

삶도 이 연극무대와 같다는 생각이 든다. 왜냐하면 살아 있다는 것은, 삶에서 마주치는 모든 상황 속에서 만나는 모든 감정들을 회피하지 않고 온전히 느끼는 것이기 때문이다. 현실을 있는 그대로 직면함으로써, 나 자신을 더 찾아갈 수 있는 것이다.

재스민이라는 이름에서 연상되는 꽃 재스민이 어둠 속에서만 꽃봉오리를 여는 이유를, 이제야 알 수 있을 것도 같다. 그것은 낮이라고 지칭되는 의식, 곧 타인의 욕망뿐이었던 일상에서 묻어두었던 '진짜 나', 그 발화를 무의식적으로 갈망하고 있는 것은 아닐까. 재스민을 닮은 그녀들이 그토록 환상 속에 머무르고 싶었던 것에는, '진짜 나'를 대면하는 데서 오는 두려움이 있을지도 모른다. 하지만 어둠이라는 절망 속에서 그동안 내가 만나지 못하고 알지 못했던 '진정한 나'를 오히려 찾을 수 있다.

재스민이 꿈꾸던 장밋빛 미래는 그녀가 사기꾼 전남편을 떠난 빈털터리 이혼녀라는 사실이 밝혀지면서 좌절되고 만다. 이제 재스민은 그녀만의 환상 속으로 온전히 들어간다. 그녀에게 잘못이 있다면 현실을 직면하지 않은 죄. 하지만 그것을 삶의 진실이라 부르기엔 그녀는 이미 텅 빈 블루다. 삶의 뿌리를 상실했다지만, 그녀가 과연 온전한 자신으로 삶에 뿌리를 한 번이라도 내린 적이 있었던가? 이 세상에 타자로서의 여성이 아닌 주체로서의 자신으로 살아본 적이 있었나?

내 안의 상처와 직면할 수 있을 때, 진짜 '나'로 삶에 튼실하게 뿌리 내리며 살아갈 수 있을 것이다. 하지만 실제로 살아내지 않는다면, 내 안에서 수많은 질문들은 계속 장애물로 남아 있을 것이다.

그 누구의 이름도 아닌 '나'의 이름이 필요한 이유다.

블루 재스민을 더 잘 읽기 위한 영화미학

제목에서부터 주인공을 상징적으로 설명하는 '블루'의 이미지 덕분에, 영화 보는 내내 테네시 윌리엄스Tennessee Williams의 희곡 『욕망이라는 이름의 전차』의 '블랑쉬 드보아'가 떠오르는 영화 〈블루 재스민〉. 실제로 이 영화의 원작은 『욕망이라는 이름의 전차』로, 1951년 감독 엘리아 카잔Elia Kazan에 의해 영화로도 연출되었다. 연극 『욕망이라는 이름의 전차』에서 주인공 블랑쉬가 '하얀 숲'이란 뜻을 지닌 자신의 이름처럼 살아가고 싶지만, 이름과는 대비되는 남루한 현실에 고통스러워하며 환상 속으로 도피하는 것처럼, 재스민 역시 현실과 동떨어진 채 스스로를 특화시켜버린다. 어둠이 오면 꽃봉오리를 여는 이국적인 꽃 재스민, 그녀의 이름처럼 말이다. 하지만 원래 그녀의 이름은 평범하고 흔한 '자넷'이 아닌가?

과거와 현실 장면이 교차해서 나오는 간격 편집은 재스민의 의식 속에 통째로 버무려져 경계선이 모호해진 과거의 환상과 비참한 현실을 잘 그려내고 있다. 간격 편집의 특성상, 과거와 현실의 경계선을 허무는 착시효과를 불러일으켜주는 것이다.

수시로 신경안정제를 먹으며 현실에 가닿으려 하지만, 순간순간 터져 나오는 재스민의 혼잣말은 여전히 그녀가 과거의 환상 속에 머물러 있음을 보여주는데, 그중에도 동생 진저의 집을 뛰쳐나온 재스민이 거리 벤치에 앉아 미친 여자처럼 계속 혼잣말을 하는 마지막 장면은 압권이다. 이 장면은 우디 앨런Woody Allen의 전작 영화 〈카이로의 붉은 장미〉의 한 장면과도 겹쳐진다. 대공황이라는 경제적 궁핍 속에서 가정폭력을 겪는 시칠리아(미아 패로 분)가 극장에서 카이로의 붉은 장미라는 뮤지컬영화 속 판타지 세상으로 도피할 때의 꿈꾸듯 몽롱한 눈빛과 묘하게도 오버랩된다.

그런데, 재스민이 더 아프다. 아직 완전히 환상 속으로 들어가지 못한 채, 경계선에서 머무는 고통이 날카로운 유리조각처럼 만져지는 것 같아서.

영화와 함께 읽기 좋은
페미니즘 도서

~~~~~~~~~~
~~~~~~~~~~
~~~~~~~~~~
~~~~~~~~~~
~~~~~~~~~~
~~~~~~~~~~

"오! 그렇지만 나는 자살을 생각하지 않았어요.
나는 살 생각을 했어요. 나는 전쟁이 끝난 후에 자살을 생각했어요."

방글라데시 독립전쟁 때 여성들이 겪었던 폭력 현장을 고발한 다큐 소설 『작전명 서치라이트: 비랑가나를 찾아서』는 2004년 방글라데시 우수도서상인 프로돔알로상 수상작이다. 원래 '용감한 전사'란 뜻이지만, 대중들에게는 '창녀'라는 의미로 인식되어온 모순된 단어 '비랑가나'. 주인공인 대학생 매리엄은 1971년 방글라데시 독립전쟁이 일어났을 때 적군인 파키스탄군에 붙잡혀 '비랑가나'가 되었다가 무참한 고통을 당한 뒤 살아 돌아온다.

우리나라의 '환향녀'를 생각하면 이해하기가 쉽겠다. 환향녀의 원래 뜻이 전쟁 후 '고향으로 돌아온 여자'였지만, 그 본래 의미와는 다르게 변질되어 창녀와 동일시되는 '화냥년'으로 불리지 않았는가.

당시 비랑가나로 잡혀갔던 많은 여성들은 고통과 수치감에 자살을 선택했다. 하지만 메리엄은 죽지 않고 살아 돌아온다. 오히려 그녀는 전쟁이 끝난 후 자살을 생각한다. 전쟁의 피해자였던 여성들을 향해 비난하고 정죄하는 사회에서 살아가는 것은, 낙인이 찍힌 채 하루하루 고통스럽게 생존해가는 것이었다.

다큐 소설 『작전명 서치라이트: 비랑가나를 찾아서』를 보며 가부장제 사회의 폭력이 얼마나 커다란 악이 될 수 있는지 전율하게 된다. 전쟁 후 영웅이 되어 일상으로 돌아간 남성들에 반해 왜 여성들은 비랑가나로 단죄 받으며 폭력 피해자의 삶을 살아갈 수밖에 없었는지, 참담한 현실을 생생한 현장의 언어로 그려내고 있다. 성범죄 피해를 당한 뒤에도 2차 가해를 당하기 일쑤인 우리 사회 여성들에서 비랑가나가 오버랩되는 것은 그리 놀랍지 않다.

"저는 이 세상에서 철저히 혼자였으면 좋겠어요."

노벨문학상 수상자인 작가 도리스 레싱의 소설집 『19호실에 가다』에는 가부장제 사회에서 억압되고 소외된 여성들의 '자기만의 방 갖기' 분투기다. '여성 고유의 경험을 서사시처럼 묘사했다'는 찬사를 받고 있는 저자는 1960년대 런던을 배경으로 삼은 11편의 단편소설들에서 전통적인 사회질서가 붕괴되어가는 과도기에 주목받았던 페미니즘적 가치와 정서들을 담아내고 있다.

이 책은 전통적인 사회질서 속에 감추어진 위선과 편견을 은근하고도 신랄하게 드러내며 전통이라는 미명하에, 가부장제 사회에서 고통 받는 여성들에게 '자기만의 방'이 절실히 필요함을 역설한다. 특히 표제작 「19호실로 가다」는 대표적인 페미니즘 소설로 유명하다. 주인공 수전은 전업주부로 순탄하고 평안하게 살아가는 듯 보이지만, 실은 여성들로 하여금 암묵적으로 '나'를 상실하도록 강요하는 결혼제도 속에서 숨 막힐 것만 같은 삶을 살아가고 있다.

그녀의 가정이 아무 일 없이 평화롭게 보이는 것엔, '나'라는 독립성을 포기한 한 여성의 희생이 배경처럼 포진한 셈이다. 가족을 벗어나 자신만의 공간에서 혼자 있고 싶은 수전은 런던에 있는 한 외진 호텔 19호실을 찾게 된다. 19호실에서 그녀는 비로소 혼자 있을 수 있었고, 세상이 그녀에게 요구한 모든 역할에서 자유로워질 수 있었다. 온전히 자기 자신과 만나는 시간을 가질 수 있었던 것이다.

이 책은 수전을 비롯한, 소설집에 나오는 여러 여성들, 특히 중년 여성들을 통해 여성이 스스로의 정체성을 잃지 않고 독립성을 지키기 위해선 자신에게 오롯이 집중할 수 있는 공간이 필요하다고 이야기한다.

> "분노와 애정, 증오와 사랑, 무기력과 충만함, 고통과 행복 등
> 폭풍처럼 휘몰아치는 양가감정을 느끼는 나날이었다."

사진작가인 모이라 데이비Moyra Davey는 38살에 첫 아이를 출산하면서 '엄마가 되어 가는' 엄청난 위기에 봉착했다. 결혼 후 딩크족으로 살겠다고 결심했지만, 결혼 3개월 만에 첫 아이가 생겼고, 엄마는 '그냥 되는 것'이 아니었다.

아이로 인해 어쩔 수 없이 맞닥뜨려야 할 경력단절과 자유의 포기. 직장생활에 한창 익숙해지고 몰입할 30대에 예상치 못하게 만난 임신과 출산은 두렵기만 한 사건으로 다가왔다.

아직 '엄마' 될 마음의 준비가 전혀 없었던 저자는 엄마가 된 것이 마냥 기쁘지만은 않았던 것이다. 아니, 엄마가 되는 것은, 고통과 행복, 분노와 애정이라는 양 극단의 감정을 격렬하게 느끼는 시간이었다. 그것은 자기분열과도 같은 극심한 양가감정을 순간순간 느끼

는 일이었다.

저자가 서른여덟 살에 첫 아이를 낳고 분노와 애정을 함께 느꼈던 시간에 멘토가 되어준 여성 작가 열여섯 명의 '엄마가 되어가는 이야기'를 엮어낸 것은, 어쩌면 자기 치유와도 같다. 이 책에 실린 열여섯 명의 여성 작가들 중 엄마가 되는 것이 자연의 순리를 따르는 것인 양 쉬웠던 여성은 한 명도 없기 때문이다.

이들의 엄마 됨의 투쟁사를 읽으며 엄마가 되는 모험의 여정에 특별히 동행할 수 있다. 가부장제 사회에서 억압기제로 작용하는 모성신화의 이면에 감춰진 '엄마가 되는 힘겨움', 그 실체를 만날 수 있다.

『여신을 찾아서』

김신명숙 저, 판미동, 2018

"원초적 생명력, 보살핌과 치유의 힘, 주체적이며
자신을 긍정하는 여성들, 그 안에 여신이 있다."

인류 최초의 신은 여자였다. 그것을 기억하는 것은, 가부장제 사회의 차별적인 문화를 치유하는 일이다. 많은 신화들 속에 등장하는 남신들은 오랫동안 남성 지배를 정당화하는 도구로 작용해왔던 것이다.

국내 최초로 여신학 박사학위를 받은 저자 김신명숙은 10년간 그리스의 크레타 섬부터 제주도와 지리산, 경주까지 국내외 다양한 여신문화를 답사하며 '모든 생명을 낳아서 품고 길러 온 생명력 자체가 여신'임을 발견했다.

저자는 여성들이 스스로 자유로워지고 온전해지기 위해선 여신이 필요하다고 이야기하는데, 가부장제 사회의 억압으로 무수하게 잊힌 한국의 여신들을 새롭게 발굴하는 작업을 통해 우리만의 '여신 페미니즘'이 존재함에 방점을 둔다. 이는 우리 안에서 자생적으로 태어나고 뿌리내린 여신신앙을 다시 읽는 행위다.

그래서 책『여신을 찾아서』를 읽다 보면 우리가 기존에 알고 있다고 생각했던 바리공주와 마고할미 등이 원초적이고도 신성한 힘을 지닌 여신으로 새롭게 부활하는 것을 목격한다. 특히 크레타 여신 순례에 참여하여 저자가 살펴본 미노아 크레타 문화는, 가부장제가 세워지기 전의 평등한 사회에서 꽃피었던 여신문화를 만날 수 있어 인상적이다.

여신을 찾는 일이, 곧 자신 안의 생명력을 찾아가는 여정이고, 그 생명의 기운으로 생동하는 삶을 살아가는 일이란 걸 이야기하는 책『여신을 찾아서』. 신비롭고 풍요로운 생명을 품은 이 세상이 곧 여신이고, 생명을 가진 존재들의 기원이 여신이라는 사실은, 본질적인 삶의 변화를 요구하고 있다.

『킹콩 걸: '못난' 여자들을 위한 페미니즘 이야기』

비르지니 데팡트, 마고북스, 2007

"그 여자는 이미 너무 타락해서 강간당했다고 말할 수 없다."

저자 비르지니 데팡트Virginie Despentes는 열일곱 살 때 당한 성폭행 경험을 솔직하게 고백하고 있다. 여성에게 성폭력의 책임을 전가하는 남성 중심 사회의 위선과 거짓을 신랄하게 고발한다.

'그 여자는 이미 너무 타락해서 강간당했다고 말할 수 없다'란 두 번째 목차는 고발의 현장을 역설적으로 압축한 말이 아닌가. 참한 여성이라는 미명하에 가부장제 사회에서 아이러니하게도 만연한 강간과 매춘, 포르노그래피의 현실을 직설적으로 해부하고 있다.

영화 〈킹콩〉에서 야생의 적들로부터 금발 미녀를 보호하는 '킹콩'이 실은 암컷도 수컷도 아닌 무성적 존재라는 사실에 주목한 저자는, 남성들에 의해 결국 죽임을 당한 킹콩 안의 야생적인 힘이, 오히려 여성 안에 있는 고유한 본성이라고 주장한다.

매혹적이되 천박하지 않고, 사회적인 일을 하되 남자를 누를 만큼 성공해서도 안 되고, 다이어트에 전혀 신경 쓰지 않으면서도 날씬해야 하며, 집안일을 훌륭하게 돌보되 하녀 같아서도 안 되는, 내가 한 번도 만나본 적이 없는 이 '행복한 여성'이 현실적으로는 존재하지도 않는 허상이라고, 그래서, 여성들 내면에 존재하는 '킹콩'을 살려내야 한다고, 이야기한다.

책의 마지막 장에서 내 안의 킹콩을 만나기 위해서는 더 나은 길을 향해 떠날 수밖에 없음을, 페미니즘이 결국은 혁명임을 수긍할 수밖에 없다. "'못난' 여자들을 위한 페미니즘 이야기"란 도발적인 부제가 여성을 향한 거짓된 관념들, 즉 거짓 여성성의 전복 의지였음을 충분히 이해할 수 있다.

> "'내가 그녀다'라고 선언함으로써 아르테미시아는
> 어떤 남성 화가도 할 수 없는 확고한 위치를 주장하고 있다."

오랫동안 피카소, 미켈란젤로와 같은 여성 화가가 나타나지 않았던 이유는, 여성과 남성이라는 생물학적 차이가 아니었다. 과거에도 훌륭한 여성 예술가들이 존재했지만, 가부장적인 제도와 가치관이 완고했던 지난 세월 동안 세상은 여성에게 예술가의 존재를 허락하지 않았다. 여성은 다만 예술의 대상으로만 그 존재가 허용되었을 뿐.

저자 브리짓 퀸Bridget Quinn은 남성 중심적인 가부장제 사회에서 남성 화가들의 이름 뒤에서 오랫동안 묻혀 정당하게 평가받지 못한 여성 예술가들을 찾아냈다. 바로크부터 현대미술에 이르기까지, 아르테미시아 젠틸레스키Artemisia Gentileschi를 비롯한 열다섯 명의 여성 예술가들의 작품과 삶을 보여주며, 여성 예술가들의 존재의미에 대해 통찰하고 있다.

　그래서 우리는 질문하게 된다. 누가 그녀의 이름을 미술사에서 지웠는가? 왜 우리는 지금 역사의 뒤안길에서 죽어 있던 그들의 이름을 부활시키려고 하는가? 저자는 제대로 인정받지 못했던 여성 화가들이 살았던 시간, 그 절망과 투쟁의 역사로 우리를 완벽하게 이끈다. 그것도 철두철미한 고증과 연구 속에서 빚어낸 우아하고 재기발랄한 문장으로!

　예술이 단지 감상의 대상이 아니고, 우리 삶에 적극적으로 들어옴으로써 자극을 주고 영감을 선사할 수 있다고 말하고 있다. 일러스트레이터 리사 콩던Lisa Congdon이 그린 여성 예술가들의 초상화는 한결같이, 그 고통이 헛되지 않았다고 이야기한다.

『모두를 위한 페미니즘』

벨 훅스, 문학동네, 2017

"페미니즘은 성차별주의에 반대한다."

『모두를 위한 페미니즘』은 페미니즘이 무엇인지를 단순명쾌하게 알려주는 책이다. 사회운동가 벨 훅스는 페미니즘 운동이 생활 속에 만연한 성차별주의를 종식시키려는 운동이란 것을 궁극적으로 말하고 싶어 한다. 페미니즘이 단지 여성만이 아닌, 정의와 자유를 사랑하는 모든 사람을 위한 것임을 주장하고 있는 것이다.

따라서 페미니즘에 관한 고질적인 편견도 여지 없이 불식시킨다. 남자들을 혐오하고 늘 화가 난 것처럼 보이는 여성들이 페미니스트라는, 가부장제 사회의 오래된 허구도 통쾌하게 깨뜨려준다.

남자 역시 페미니스트가 될 수 있는 것에도 주목하는데, 페미니스트는 태어나는 것이 아니라 만들어지기 때문이다. 여성이라고 무조건 페미니스트가 아닌 것처럼 가부장제 사회에서는 여성과 남성, 그 누구도 성차별주의자가 될 수 있다고 설명한다. 이는 페미니즘이 남자에 반대하는 운동이 아니라 남성 중심적인, 성차별에 반대하는 운동이라는 사실의 근거가 되어준다. 가부장제 사회에서 오랫동안 학습되어 내면화된 성차별주의, 곧 가부장제적인 사고와 행동을 직시하고 우리 모두가 페미니스트로 거듭나야 된다고 촉구하고 있는 셈이다.

페미니즘이 자유와 정의를 사랑하는 방법을 알려주는 운동이란 걸 누구나 쉽게 이해할 수 있도록 하는, 친절한 페미니즘 입문서이다.

"남자들은 자신들이 하고 싶어 하는 것을 대놓고 원한다.

우리 사회의 문화는 남자들이 원하는 것을 제공해주는 문화이다."

나쁜 페미니스트는 어떤 페미니스트인가? 저자 록산 게이^{Roxane} Gay는 "나는 페미니스트가 되지 않기보다는, 나쁜 페미니스트를 택하겠습니다"라고 말했다. 이는 곧 페미니스트가 되는 것이 두렵고 혹은 불편하더라도 페미니스트로서의 소신을 지키며 살고 싶단 의지의 표현이다. '나쁜'이라는 수식어를 붙이고서라도 말이다.

누군가의 본보기가 되려고 노력하거나 완벽하고 싶지 않기에 자신은 나쁜 페미니스트라는 꼬리표를 환영한다는 것이다. 다만 자신이 믿고 있는 것을 지지하며, 이 세상에 뭔가 도움이 될 만한 일을 하며 온전히 '자기 자신'으로 남고 싶다는 말이기도 하다.

여기서 '나쁜'은 또한 근본주의적 페미니즘에 관한 다른 의견이기도 하다. 저자는 백인 중산층 여성 운동에 한계 지워진 미국 사회의 페미니즘 운동을 비판하며, 백인 중심의 대중문화 속에 성적 소수자의 존재를 비롯한, 다양성은 존재하지 않는다고 주장한다.

그래서 페미니즘이 더 성장하기 위해선 차이를 포용해야 한다고 이야기한다. 높은 기준을 세워놓고 그 기준에 못 맞추면 페미니스트에 미달된 것처럼 끌어내리려는 작태를 해서는 안 된다는 조언이다. 아주 사적이지만 정치적으로 읽히는 책이 훌륭하다면 그런 점에서 『나쁜 페미니스트』는 성공했다. 가장 아픈 개인적인 이야기들을 통해 여성혐오가 아무렇지 않게 판을 치는 남성연대의 부조리한 세상을 통렬하게 비추고 있기 때문이다. 그것도 유머가 곳곳에 촘촘히 배어 있는 문장으로 말이다.

어쩌면, 책 『나쁜 페미니스트』는 미국 사회에서 아이티계 흑인 여성이자 이민자 가정의 딸이라는 마이너리티적 삶을 살아야 했던 저자 록산 게이의 경험에서 바탕한 것인지도 모른다.

그래서 이 책을 읽다보면 비평과 에세이를 넘나드는 장르의 불분명함에도 불구하고, 충분히 설득당할 수밖에 없다.

" 여성에게 여걸이 없으면 평화도 없다."

늑대와 함께 달리는 여인들은 어떤 사람들일까? 심리분석학자 클라리사 에스테스는 야생동물인 늑대와 여걸女傑이 둘 다 멸종 위기에 처했다고 경고한다. 저자는 야성을 잃어버린 여성을 멸종 위기에 처한 늑대와도 같다고 주장하는데, 여성 안에 원래부터 있던 '늑대 어머니 원형'이 가부장제 사회에서 여성들이 잃어버린 야성적 본능이라고 생각하기 때문이다.

세상에 길들여지기를 거부한 채 자신만의 고유한 리듬으로 살아가는 늑대와 다르게, 오랜 세월 동안 야성적인 본능을 잃은 채 살아온 여성들. 저자는 여성들이 잃어버린 야성적인 본능을 어떻게 회복시킬 것인지, 예로부터 전해져오는 민담과 설화 속의 숨은 의미와 상징을 새롭게 해석해낸다. 가부장제 사회에서 늑대 어머니 원형인 야성적인 본능을 잃어버려서 원래 타고난 예민한 감각이 무디어진 여성들은 중요한 결정을 해야 할 때 잘못된 선택을 하기 쉽다. 의식하지도 못하는 사이에 잘못된 길에 들어서서 상처를 입는 여성들에게 잃어버린 여걸을 찾아주는 걸 도와주어야 한다고 주장한다.

여성이 본래부터 지닌 강하고 자유로운 본능을 터부시한 것도 모자라 억압해온 가부장제 사회에서 고통 받아온 여성들을 치유하고, 다시 여걸의 세상으로 이끄는 안내서로 『늑대와 함께 달리는 여인들』은 충분하다. 야생적인 제목처럼, 어머니 늑대를 되찾아 달리고 싶게 한다.

> "확실히 짚고 넘어가야 할 것은 싱글 여성의 수적인 증가는
> 축하할 일이라는 점이다. 이것을 혁명이라 부를 수 있는 이유는
> 선택권이 확장되었으며 필수 의무가 바뀌었다는 데 있다."

비혼 여성들의 삶은 어떨까? 과거에 비해 비혼 여성이 많아졌다지만 결혼하지 않은 여성은 사회에서 여전히 모난 돌 같은 존재로 취급을 받는다. 세상은 결혼과 가족 중심으로 돌아가고 있지 않은가?

저자 레베카 트레이스터Rebecca Traister는 우리가 어린 시절 읽었던 『작은 아씨들』『빨강머리 앤』 등 수많은 동화에서 여성 주인공이 결혼만 하면 기다렸다는 듯 이야기가 끝나는 것이 못마땅했다. 그래서 기존 여성서사에서 들려주던 '결혼'이라는 결말 대신, 다른 결말인 비혼을 찾아 나섰고, 이 책을 쓰기 위해 무려 100명 이상의 비혼 여성들을 만나 인터뷰를 했다.

정치, 역사, 도시, 우정, 고독, 일, 차별, 섹스, 결혼, 모성이라는

10개의 주제와 연관된 비혼을 유쾌하게 이야기하는 『싱글 레이디스』는 독자들에게 관심 있는 주제부터 읽을 수 있는 선택권도 덤으로 주고 있다. 비혼으로 살다가 나중에 고독사하면 어떡하지, 혹시 걱정이 된다면 5장부터 읽기를 추천하고 싶은데, 혼자 살다가 만약 누군가를 옆에 두고 싶다고 해도 그 상대가 꼭 남자일 필요는 없다는 사실, 또 군이 결혼할 의무는 없다는 진실을 전해주는 것만으로도, 이 책의 가치는 충분하다. 이 책을 읽다 보면 세상에 혼자 살아가는 멋진 여성들이 이토록 많은지 감탄하며 '혼자 살이'의 비법을 자연스레 전수받을 수밖에 없으니까. 당연한 통과의례처럼 거론되는 결혼을 하지 않고도 충분히, 아니 더 행복해질 수 있다니! 이보다 더 즐거운 탐구가 어디 있을까?

『여성혐오를 혐오한다』

우에노 치즈코, 은행나무, 2010

" 딸은 어머니로부터 여성혐오를 배운다."

여성혐오를 혐오한다. 반복되는 단어 '혐오'는 우리가 사는 세상에 혐오가 얼마나 많이 있는지 말해준다. 사회학자인 우에노 치즈코는 여성혐오가 중력처럼 시스템 전체 구석구석까지 영향을 미치고 있다고 진단했는데, 특히 예술 작품 속에 숨겨진 여성혐오를 발견하는 데 주력했다. 성추행 소설로 충분히 바라볼 수 있는 소설『롤리타』를 비롯해 습관처럼 그냥 지나치기 쉬운 드라마 대사처럼, 문화 속에서 광범위하게 포진하고 있는 여성혐오를 발견하고 있다. 그렇다,『여성혐오를 혐오한다』는 이 세상이 여전히, '여성혐오의 시대'라고 말하며 여성혐오에 대한 총체적 고찰을 강하게 권유하고 있다!

그렇다고 저자는 남성들의 여성혐오만을 비판하지는 않는다. 가부장제 사회를 살고 있는 구성원들 모두 여성혐오를 갖고 있다고 주장하는데, 유구한 역사를 자랑하는 가부장제 사회의 전통과 관습

속에서 흔히 어머니가 딸에게 무의식적으로 전수해주는 여성혐오적인 생각들을 통해, 여성 스스로 여성에 대한 혐오를 갖고 살 수밖에 없는 현실이 있기 때문이다.

여성혐오를 극복하기 위하여 여성혐오의 실체를 정확히 아는 것이 중요하다고 말하는 저자의 주장을 납득할 수 있는 이유다. 여성혐오의 현실이 아무리 불쾌하다 하더라도 결코 눈을 돌리면 안 되는 현실이고, 그 현실을 인식함으로써 현실은 변화될 가능성이 있기에 .

"어째서 여성만이 육아와 가사에 더 얽매여야 하는가?

왜 여성이라는 사실 자체에 부담을 느껴야 하는가?"

저자 스테퍼니 스탈Stephanie Staal은 엄마가 되고 나서야 페미니즘을 현실에 접목하는 것이 얼마나 어려운지 절감했다. 여자들이 겪는 문제가 세대를 막론하고, 근본적으로 동일하다는 데 주목하게 되었다. 스스로 육아와 사회생활을 병행하는 고단한 삶을 살아가며, 세상의 모든 여자들이 자기 정체성의 경계를 타협해야 한다는 슬픈 진실 앞에 마주 선 것이다.

잃어버린 여성으로서의 삶을 찾기 위해 페미니즘 고전들을 탐독하기 시작한 저자는 초기 페미니즘의 대모 메리 울스턴크래프트Mary Wollstonecraft부터 시몬 드 보부아르까지, 각 시대를 이끌었던 페미니스트들의 사상을 단지 학문적으로만 탐독하지 않고, 일상으로 끌어들여 삶을 바꾸는 실천으로 만들어냈다. 그 시간은 『빨래하는 페미니즘』이란 책이 탄생하기까지, 관성적인 삶에서 벗어나 새로운 가능성을 만나게 해주는 시간이었다. 저자는 부엌에서, 또는 거실에서 이 시대, 가장 새로운 가능성인 페미니즘을 절실하게 말하고 있다.

페미니즘 고전을 읽어 내려감으로써, 가부장제 사회에서 이중 삼중의 압박을 받고 있는 여성들에게 지금보다 더 나은 삶을 살아갈 수 있는 비결이 페미니즘에 있다고 말한다.

『빨래하는 페미니즘』이라는 책 한 권으로 페미니즘의 전체적인 흐름을 파악하고 페미니즘 고전의 개요를 살필 수 있다는 것은 행운임이 분명하다.